肢体不自由教育実践 授業力向上シリーズ No.5

思考力・判断力・表現力を育む授業

監　修：分藤 賢之・川間 健之介・北川 貴章
編　著：全国特別支援学校肢体不自由教育校長会

—— 巻頭のことば ——

『授業力向上シリーズ No.5』をお届けします

　全国の肢体不自由教育に携わる皆様方に、本書『肢体不自由教育実践　授業力向上シリーズ No.5』をお届けします。本書は授業改善を通した授業力の向上をテーマとして全国特別支援学校肢体不自由教育校長会が編集した指導書兼指導実践集です。

　この授業力向上シリーズは、全国の肢体不自由特別支援学校が参加する全国大会や国内全6地区の大会等で特に発表の機会を得ることができた実践報告の中から、新たな方向を示唆する実践や、授業づくりを学ぶ上で欠かすことのできない力強い実践を選りすぐり、監修をお願いした専門家の皆様からのコメントを付して情報提供する点が特徴です。

　また、各地で実践を担う教職員が関心を抱いている特別支援学校の授業づくりに関する新たなキーワードについても巻頭で解説特集していることも本書のもう一つの特徴です。

　今回は、新たに示された特別支援学校学習指導要領を踏まえて、「思考力・判断力・表現力を育む授業」をタイトルに掲げ、その考え方を前半の理論及び解説編で特集しました。

　そして後半の実践編では、「子どもの思考場面がよく作れている」「子どもの判断する機会がよく作れている」「子どもの多様な表現が引き出せている」ことが各事例からどの程度見て取れるかについて、それぞれ見出し部分に★、★★、★★★を付しました。どの視点から取り組まれた実践事例であるのかについて、読む際の参考としていただければ幸いです。

　では、この機会に全シリーズを改めてご紹介します。

『授業力向上シリーズ No.1　学習指導の充実を目指して』

『授業力向上シリーズ No.2　解説 目標設定と学習評価』

『授業力向上シリーズ No.3　解説 授業とカリキュラム・マネジメント』

『授業力向上シリーズ No.4　「アクティブ・ラーニング」の視点を生かした授業づくりを目指して』

『授業力向上シリーズ No.5　思考力・判断力・表現力を育む授業』

　シリーズ全5巻には全国から選び抜いた120余の指導実践が紹介されています。今後のより良い授業づくりの参考としてください。

　平成29年11月

全国特別支援学校肢体不自由教育校長会

会長　田村　康二朗

目　次

巻頭のことば　『授業力向上シリーズNo.5』をお届けします

全国特別支援学校肢体不自由教育校長会会長　田村康二朗

第1部　理論及び解説編

1　新学習指導要領と「思考力、判断力、表現力等」を育む授業づくり

文部科学省初等中等教育局特別支援教育課特別支援教育調査官
（命）インクルーシブ教育システム連絡調整担当　　　分藤　賢之　　8

2　肢体不自由のある児童生徒の「思考力、判断力、表現力等」を育む
特別支援学校の授業　　　　　　　　　　筑波大学人間系教授　川間健之介　　12

3　「思考力、判断力、表現力等」を育む授業の学習評価と授業改善

独立行政法人国立特別支援教育総合研究所情報・支援部主任研究員　北川　貴章　　20

第2部　実践編

■準ずる教育課程

1　肢体不自由児の視覚認知に配慮した教科指導

長崎県立諫早東特別支援学校　　28

2　論理的に考え、適切に表現する力を高める指導
～各教科における言語活動の取組を通して～　　　　青森県立八戸第一養護学校　　32

3　高次脳機能障害のある生徒の準ずる教育の実際

北海道函館養護学校　　36

4　生徒が主体的に表現することを目指した創作授業 ～音楽科の実践～

山口県立周南総合支援学校　　40

5　自立活動との関連を踏まえた指導の工夫
～美術Ⅰ「動物を作る―アッサンブラージュによる造形―」の実践～

宮城県立船岡支援学校　　44

■知的代替の教育課程

6　知的障害を併せ有する児童生徒への教科に基づく指導 〜国語科の実践〜

筑波大学附属桐が丘特別支援学校　48

7　重複障がい学級における実態差のある児童の生活単元学習の在り方
　〜根拠のある生活単元学習の展開を目指して〜　　宮崎県立延岡しろやま支援学校　52

8　小学部低学年における自己理解を促す指導 〜気づきから自信へ〜

茨城県立水戸特別支援学校　56

9　地域をテーマに学ぶ生活単元学習 〜主体的に取り組む姿を目指して〜

静岡県立東部特別支援学校　60

10　主体的に行動できる力を育む
　〜自立活動の視点を取り入れた授業実践を通して〜　　岡山県立早島支援学校　64

■自立活動を主とした教育課程

11　子どもたちの「やりたい」を引き出す授業づくり
　〜遊びの指導実践を通して考える〜　　京都府立向日が丘支援学校　68

12　言語・文字の概念形成における系統的な指導方法の検討
　〜Aさんの文字学習導入期の指導事例を通して〜　　東京都立鹿本学園　72

13　重複障害のある生徒の教科の学びと自立活動の学び

長崎県立諫早特別支援学校　76

14　目と手の協応動作及び主体的操作の個別指導の実践事例

東京都立鹿本学園　80

15　訪問学級に在籍する重度・重複障害児の作業学習
　〜できたよろこびを共有し社会参加を目指したリボンストラップ作り〜

和歌山県立和歌山さくら支援学校　84

■自立活動の指導

16 重度・重複障害のある児童が視線で要求を伝える自立活動

福岡県立築城特別支援学校　88

17 身体の動きを通した認知、コミュニケーション学習

奈良県立奈良養護学校　92

18 肢体不自由児の上肢活動を育て、伸ばす指導
〜電動カーとスイッチを活用した実践〜　鹿児島県立皆与志養護学校　96

19 目と手の協応運動から概念行動形成の学習までの取組

熊本県立芦北支援学校　100

20 児童生徒のキャリア発達を支援するための授業づくり
〜人とかかわるための力の向上を目指して〜　青森県立青森第一養護学校　104

21 重複障害児の自己表現を叶える支援機器等の活用方法
〜「できた！」という気持ちから、「伝えたい！」という気持ちにつなげよう〜

札幌市立北翔養護学校　108

22 途切れのない自立活動の指導を目指した取組
〜児童生徒の学び・活動を「つなぎ」、「引き継ぎ」、「高める」ための実践〜

三重県立度会特別支援学校　112

23 教室で生きる自立活動の指導実践
〜テーマ設定の学習による子どもの主体的な学びを高める工夫〜

筑波大学附属桐が丘特別支援学校　116

24 子どもの主体的な学びを実現する環境を考える
〜スパイダーわかくさバージョンの４年間を振り返って〜

高知県立高知若草養護学校　120

監修・編集委員一覧
執筆者一覧

第1部
理論及び解説編

1 新学習指導要領と
「思考力、判断力、表現力等」を育む
授業づくり

2 肢体不自由のある児童生徒の
「思考力、判断力、表現力等」を育む
特別支援学校の授業

3 「思考力、判断力、表現力等」を育む
授業の学習評価と授業改善

第1部　理論及び解説編

1 新学習指導要領と「思考力、判断力、表現力等」を育む授業づくり

文部科学省初等中等教育局特別支援教育課特別支援教育調査官
（命）インクルーシブ教育システム連絡調整担当　　　　　分藤　賢之

❶ 育成を目指す資質・能力の明確化

　新学習指導要領の改訂に向けて、中央教育審議会答申においては、予測困難な社会の変化に主体的に関わり、感性を豊かに働かせながら、どのような未来を創っていくのか、どのように社会や人生をよりよいものにしていくのかという目的を自ら考え、自らの可能性を発揮し、よりよい社会と幸福な人生の創り手となる力を身に付けられるようにすることが重要であること、こうした力は全く新しい力ということではなく、学校教育が長年その育成を目指してきた「生きる力」であることを改めて捉え直し、学校教育がしっかりとその強みを発揮できるようにしていくことが必要とされました。

　また、汎用的な能力の育成を重視する世界的な潮流を踏まえつつ、知識及び技能と「思考力、判断力、表現力等」をバランスよく育成してきた我が国の学校教育の蓄積を生かしていくことが重要とされました。

　このため「生きる力」をより具体化し、教育課程全体を通して育成を目指す資質・能力を、次の三つの柱で再整理しました。

> ア　「何を理解しているか、何ができるか（生きて働く「知識・技能」の習得）」
> イ　「理解していること・できることをどう使うか（未知の状況にも対応できる「思考力、判断力、表現力等」の育成）」
> ウ　「どのように社会・世界と関わり、よりよい人生を送るか（学びを人生や社会に生かそうとする「学びに向かう力・人間性等」の涵養）」

　このことにより、新学習指導要領においては、各教科（知的障害者である児童生徒に対する教育を行う特別支援学校の各教科も含む）等において、当該教科等の指導を通してどのような資質・能力の育成を目指すのかを、「知識及び技能」「思考力、判断力、表現力等」「学びに向かう力、人間性等」の三つの柱に沿って再整理し、当該教科等の目標及び内容として明確にしました。

❷ 「思考力、判断力、表現力等」を育成すること

「知識及び技能」「思考力、判断力、表現力等」「学びに向かう力、人間性等」の三つの柱は、学習の過程を通して相互に関係し合いながら育成されるものです。

児童生徒は学ぶことに興味を向けて取り組んでいく中で、新しい知識や技能を得て、それらの知識や技能を活用して思考することを通して、知識や技能をより確かなものとして習得するとともに、「思考力、判断力、表現力等」を養い、新たな学びに向かったり、学びを人生や社会に生かそうとしたりする力を高めていくことができます。

特に、児童生徒が「理解していることやできることをどう使うか」に関わる「思考力、判断力、表現力等」は、社会や生活の中で直面するような未知の状況の中でも、その状況と自分との関わりを見つめて具体的に何をなすべきかを整理したり、その過程で既得の知識や技能をどのように活用し、必要となる新しい知識や技能をどのように得ればよいのかを考えたりし、そうした状況の中でも未来を切り拓いていくために必要な力であり、変化が激しく予測困難な時代に向けてますますその重要性は高まっています。

❸ 主体的・対話的で深い学びの実現に向けた授業改善

学校教育法第30条第2項において、「思考力、判断力、表現力等」とは、「知識及び技能」を活用して課題を解決するために必要な力と規定されています。この「知識及び技能を活用して課題を解決する」という過程については、中央教育審議会答申が指摘するように、大きく分類して次の三つがあると考えられます。

---

(1) 物事の中から問題を見出し、その問題を定義し解決の方向性を決定し、解決方法を探して計画を立て、結果を予測しながら実行し、振り返って次の問題発見・解決につなげていく過程

(2) 精査した情報を基に自分の考えを形成し、文章や発話によって説明したり、目的や場面、状況等に応じて互いの考えを適切に伝え合い、多様な考えを理解したり、集団としての考えを形成したりしていく過程

(3) 思いや考えを基に構想し、意味や価値を創造していく過程

教育課程においては、これらの過程に必要となる「思考力、判断力、表現力等」が、各教科等の特質に応じて育まれるようにすることが重要となります。そのためには、各教科等の指導に当たって、(1) 知識及び技能が習得されるようにすること、(2) 思考力、判断力、表現力等を育成すること、(3) 学びに向かう力、人間性等を涵養することが偏りなく実現されるよう、単元や題材など内容や時間のまとまりを見通しながら、児童生徒の主体的・対話的で深い学びの実現に向けた授業改善を行うこと、その際、各教科等の「見方・考え方」を働かせ、各教科等の学習の過程を重視して充実を図ることが重要です。

第1部　理論及び解説編

　主体的・対話的で深い学びの実現を目指して授業改善を進めるに当たり、特に「深い学び」の視点に関して、各教科等の学びの深まりの鍵となるのが「見方・考え方」です。各教科等の特質に応じた物事を捉える視点や考え方である「見方・考え方」は、新しい知識及び技能を既にもっている知識及び技能と結び付けながら社会の中で生きて働くものとして習得したり、「思考力、判断力、表現力等」を豊かなものとしたり、社会や世界にどのように関わるかの視座を形成したりするために重要なものであり、習得・活用・探究という学びの過程の中で働かせることを通じて、より質の高い深い学びにつなげることが重要です。

❹ 肢体不自由者である児童生徒に対する教育を行う特別支援学校における「思考力、判断力、表現力等」の育成

　肢体不自由のある児童生徒は、身体の動きに困難があることから、様々なことを体験する機会が不足したまま、言葉や知識を習得していることが少なくありません。そのため、言葉を知っていても意味の理解が不十分であったり、概念が不確かなまま用語や数字を使ったりすることがあります。また、脳性疾患等の児童生徒には、視覚的な情報や複数の情報の処理を苦手とするなどの認知の特性により、知識の習得や言語、数量などの基礎的な概念の形成に偏りが生じている場合があります。このような知識や言語概念等の不確かさは、各教科の学びを深める活動全般に影響することから、今回の改訂においては、従前の「考えたことや感じたことを表現する力の育成に努めること。」と示していた規定を、「児童生徒の障害の状態や発達の段階に応じた思考力、判断力、表現力等の育成に努めること。」に改め、思考力等の育成の充実をより一層求めることにしました。

　各教科の指導に当たっては、具体物を見る、触れる、数えるなどの活動や、実物を観察する、測る、施設等を利用するなどの体験的な活動を効果的に取り入れ、感じたことや気付いたこと、特徴などを言語化し、言葉の意味付けや言語概念等の形成を的確に図る学習が大切になります。そのような学習を基盤にして知識や技能の着実な習得を図りながら、児童生徒の障害の状態や発達の段階に応じた「思考力、判断力、表現力等」を育成し、学びを深めていくことが重要です。

❺ 学習評価の充実

　新学習指導要領では、各教科（知的障害者である児童生徒に対する教育を行う特別支援学校の各教科も含む）等の目標を資質・能力の三つの柱で再整理しており、中央教育審議会答申において、目標に準拠した評価を推進するため、観点別評価について、「知識・技能」「思考・判断・表現」「主体的に学習に取り組む態度」の3観点に整理することが提言されています。

このような資質・能力のバランスのとれた学習評価を行っていくためには、各教科（知的障害者である児童生徒に対する教育を行う特別支援学校の各教科も含む）等において、児童生徒一人一人が、当該教科等の指導を通してどのような資質・能力の育成を目指すのかを、「知識及び技能」「思考力、判断力、表現力等」「学びに向かう力、人間性等」の三つの柱に沿って明確にし、指導と評価の一体化を図る中で、多面的・多角的な評価を行っていくことが必要です。

●引用文献
文部科学省（2017）特別支援学校教育要領・学習指導要領説明会　配布資料　総則等編（幼稚部・小学部・中学部）　平成29年7月

2 肢体不自由のある児童生徒の「思考力、判断力、表現力等」を育む特別支援学校の授業

筑波大学人間系教授　川間　健之介

① はじめに

　新学習指導要領の改訂では、新しい時代に必要となる資質・能力の議論を行い、「生きる力」をさらに具体化し、子供たちがこれから生きる社会で必要な、生きて働く「知識・技能」、未知の状況にも対応できる「思考力、判断力、表現力等」、学びを人生や社会に生かそうとする「学びに向かう力・人間性等」という資質・能力を育成することを軸に教育課程の構造の見直しが行われました。この三つの資質・能力については、新学習指導要領では、「基礎的・基本的な知識及び技能を確実に習得させ、これらを活用して課題を解決するために必要な思考力、判断力、表現力等を育むとともに、主体的に学習に取り組む態度を養い、個性を生かし多様な人々との協働を促す教育の充実に努めること。」（小学校学習指導要領第1章第1の2(1)、中学校学習指導要領第1章第1の2(1)、特別支援学校小学部・中学部学習指導要領第1章第2節2(1)）と記載されています。

　小学校学習指導要領及び中学校学習指導要領では、各教科の内容はこれら三つの資質・能力を踏まえて整理されています。各教科の学習は、「知識・技能」の習得にとどまらず、それぞれの体系に応じた「思考力、判断力、表現力等」や情意・態度等を、それぞれの教科等の文脈に応じて育む役割があります。そして、課題の発見・解決に向けた主体的・対話的で深い学び（いわゆる「アクティブ・ラーニング」）によって、「思考力、判断力、表現力等」が深まっていくことになり、学びに向かう力が増していくことになります。

② 特別支援学校における教科の指導

　肢体不自由に限らずどのような障害があっても、またどのような発達の段階にあっても三つの育成すべき資質・能力を育むためには教科の学習が必要です。しかしながら、小学校や中学校の教科の内容は学年ごとに定められているため、特別支援学校や特別支援学級に在籍する児童生徒にとって当該学年において全てを習得することが困難である場合もあることから、特別支援学校小学部・中学部学習指導要領第1章第8節の1に次のような記載があります。

> (1) 各教科及び外国語活動の目標及び内容に関する事項の一部を取り扱わないことができること。
> (2) 各教科の各学年の目標及び内容の一部又は全部を、当該各学年より前の各学年の目標及び内容の一部又は全部によって、替えることができること。また、道徳科の各学年の内容の一部又は全部を、当該各学年より前の学年の内容の一部又は全部によって、替えることができること。

　上記の(2)はいわゆる下学年代替と言われるものですが、全ての教科の内容を下の学年の内容に替えるわけではなく、教科ごとに、又は教科の目標や内容ごとに考えていくことが必要です。この下学年代替については小学校学習指導要領第1章第4の2(1)のイ(イ)、中学校学習指導要領第1章第4の2(1)のイ(イ)において特別支援学級において可能であることが示されています。

　また、知的障害のある児童生徒については、特別支援学校小学部・中学部学習指導要領第1章第8節の3に次の記載があります。

> 　視覚障害者、聴覚障害者、肢体不自由者又は病弱者である児童又は生徒に対する教育を行う特別支援学校に就学する児童又は生徒のうち、知的障害を併せ有する者については、各教科の目標及び内容に関する事項の一部又は全部を、当該各教科に相当する第2章第1節第2款若しくは第2節第2款に示す知的障害者である児童又は生徒に対する教育を行う特別支援学校の各教科の目標及び内容の一部又は全部によって、替えることができるものとする。

　いわゆる知的代替の教育課程と言われるものです。この場合も全てを知的障害者である児童又は生徒に対する教育を行う特別支援学校の教科（以下、知的障害教科）の目標や内容に替えるのではなく、代替すべき目標や内容についてよく検討しなくてはなりません。

　よく「準ずる」「下学年」「知的障害代替」と線引きをして学習グループが検討されますが、児童生徒の一人一人の学びを踏まえて、まず当該学年の各教科の目標や内容、必要に応じて下の学年の各教科の目標や内容の一部又は全部に替える、さらに必要があれば知的障害教科の目標や内容の一部または全部に替える、ということになります。

③ 知的障害者である児童又は生徒に対する教育を行う特別支援学校の各教科

（1）改訂のポイント

　新学習指導要領では、知的障害教科の目標や内容についても、育成すべき資質・能力の三つの柱に基づき整理されました。その際、各学部や各段階、幼稚園や小学校、中学校とのつながりに留意し、中学部に二つの段階を新設しています。そして、小・中学部の各段階に目標を設定し、段階ごとの内容を充実させています。また、知的障害の程度や学習状況等の個人差が大きいことを踏まえ、特に必要がある場合には、個別の指導計画に基づき、児童又は生徒が就学する学部に相当する学校段階までの小学校等の学習指導要領の各

教科の目標及び内容の一部を取り入れて指導ができるよう規定されています。

（2）段階について

　学年ではなく段階別に内容を示している理由は、知的障害児においては知的機能の障害が同一学年でも個人差が大きく、学力や習得状況が異なるからです。そのため段階を設けて示すことにより、個々の児童生徒の実態に即して、各教科の内容を選択して、効果的な指導ができるようにしています。そして、各段階における育成を目指す資質・能力を明確にすることから、段階ごとの目標を設定し、小学部では３段階、中学部では２段階により目標及び内容を示しています。

　各段階の内容ですが、小学部１段階は、主として知的障害の程度は比較的重く、他人との意思の疎通に困難があり、日常生活を営むのにほぼ常時援助が必要である児童を対象とした内容となっています。この段階では、知的発達が極めて未分化であり、認知面での発達も十分ではないこと、生活経験の積み重ねが少ないことなどから、主として教師の直接的な援助を受けながら、児童が体験し、事物に気付き注意を向けたり、関心や興味をもったりすることや、基本的な行動の一つ一つを着実に身に付けたりすることをねらいとする内容を示しています。

　小学部２段階では、知的障害の程度は１段階ほどではありませんが、他人との意思の疎通に困難があり、日常生活を営むのに頻繁に援助を必要とする児童を対象とした内容となっています。この段階では、１段階を踏まえ、主として教師からの言葉かけによる援助を受けながら、教師が示した動作や動きを模倣したりするなどして、目的をもった遊びや行動をとったり、児童が基本的な行動を身に付けることをねらいとする内容を示しています。

　小学部３段階では、知的障害の程度は、他人との意思の疎通や日常生活を営む際に困難さが見られ、適宜援助を必要とする児童を対象とした内容を示しています。この段階では、２段階を踏まえ、主として児童が自ら場面や順序などの様子に気付いたり、主体的に活動に取り組んだりしながら、社会生活につながる行動を身に付けることをねらいとする内容を示しています。

　中学部１段階では、小学部３段階を踏まえ、生活年齢に応じながら、主として経験の積み重ねを重視するとともに、他人との意思の疎通や日常生活への適応に困難が大きい生徒にも配慮した内容を示しています。この段階では、主として生徒が自ら主体的に活動に取り組み、経験したことを活用したり、順番を考えたりして、日常生活や社会生活の基礎を育てることをねらいとする内容を示しています。

　中学部２段階では、中学部１段階を踏まえ、生徒の日常生活や社会生活及び将来の職業生活の基礎を育てることをねらいとする内容を示しています。この段階では、主として生徒が自ら主体的に活動に取り組み、目的に応じて選択したり、処理したりするなど工夫し、将来の職業生活を見据えた力を身に付けられるようにしていくことをねらいとする内

容を示しています。

なお、中学部の生徒に対して、中学部の各教科及び道徳科の目標を達成するためには、小学部の各教科及び道徳科の内容を習得し目標を達成することが必要であることから、生徒の実態に応じて小学部の各教科及び道徳科の指導を行うことができます（特別支援学校小学部・中学部学習指導要領第1章第8節1の(4)）。

各教科の内容を見てみると、育成すべき資質・能力の三つの柱に基づき整理され、各段階に目標と内容が詳細に示されています。例えば、平成21年度改訂の学習指導要領における小学部の算数の記載は2分の1ページ程度でしたが、新学習指導要領では15ページにわたって記載されています。各部や各段階、幼稚園や小学校、中学校とのつながりを留意して内容が整理されています。国語や算数の内容をみてみると、小学部3段階が小学校1年生の内容におおよそ対応しています。中学部2段階が小学校2、3年生の内容とおおよそ対応しています。新学習指導要領では、小学部の児童で小学部3段階の各教科の内容を習得し目標を達成している場合は、小学校の各教科の目標及び内容の一部を取り入れることができ、中学部の生徒において、中学部2段階の各教科の内容を習得し目標を達成している場合は、中学校あるいは小学校の各教科の目標及び内容の一部を取り入れることができることになっています（特別支援学校小学部・中学部学習指導要領第1章第8節2）。

（3）各教科の段階的、系統的な内容に応じた授業

今回の指導要領の改訂で重要なことは多くありますが、知的障害者である児童又は生徒に対する教育を行う特別支援学校の各教科の内容が充実したこともその一つです。特に、小学部1段階、2段階の目標及び内容が、段階的かつ系統的に詳細に記載されていることは、授業の充実につながります。これらは小学校の各教科の内容の前の段階を内容としています。これまでも平成21年改訂の特別支援学校小学部・中学部学習指導要領第2章第1節第2款第1に、小学部の知的障害教科の目標と内容がありますが、教科として具体的な指導目標や指導内容を設定するには概略的でした。1段階の内容は、定型発達の場合におおよそ1～3歳程度で習得することから始まり、2段階の内容は定型発達の場合におおよそ3～6歳程度で習得することを含んでいます。新学習指導要領において、知的障害教科の目標及び内容が、段階的かつ系統的に詳細に記載されていることから、児童生徒が何を習得し、次に何を学べばよいのかも知ることができます。段階的かつ系統的に各教科を学んでいくことが、育成すべき資質・能力、特に「思考力、判断力、表現力等」を育んでいくことになります。

こうした各教科の目標や内容が段階的かつ系統的に示されたことによって授業づくりにおいて、または教育課程の編成において、これまでと異なる学校が出てくるかもしれません。知的障害のある児童生徒の各授業では、知的障害教科の目標及び内容の一部あるいは全部に替えて授業を行っていますが、同時に学校教育法施行規則第130条の2に基づいて

第1部　理論及び解説編

教科等を合わせた指導を行っているところが多く見かけられます。しばしば批判されてきたように、先に活動ありきで、各教科の目標や内容を踏まえた授業づくりではないことがあります。「知識・技能」「思考力、判断力、表現力等」「学びに向かう力・人間性等」という資質・能力を育成するために各教科の指導は行われることから、児童生徒それぞれの各教科の内容の習得状況を踏まえて、授業は行わなくてはなりません。教科等を合わせて授業を行うことは、各教科の内容を習得し目標を達成するための方法上の工夫であるということを押さえておかなくてはなりません。

　障害が非常に重度で重複している児童生徒の場合には、特別支援学校小学部・中学部学習指導要領第1章第8節の4に次の記載があります。

> 4　重複障害者のうち、障害の状態により特に必要がある場合には、各教科、道徳科、外国語活動若しくは特別活動の目標及び内容に関する事項の一部又は各教科、外国語活動若しくは総合的な学習の時間に替えて、自立活動を主として指導を行うことができるものとする。

　いわゆる自立活動を主とする教育課程と言われるものです。障害が非常に重度で重複している児童生徒については、教科の指導ではなく自立活動の指導が中心であると漠然と考えられているように思われます。しかしながら各教科の指導は、「知識・技能」「思考力、判断力、表現力等」「学びに向かう力・人間性等」という資質・能力を育成するためにどの児童生徒にも指導しなくてはなりません。自立活動の指導は、この資質・能力の基盤となる力を習得するものであると言えます。これまで自立活動主とする教育課程においては、認知やコミュニケーションに関連する指導内容については、知的障害者である児童又は生徒に対する教育を行う特別支援学校の各教科の指導内容であるのか、自立活動の指導内容であるのかを整理せず、漠然と自立活動の指導として行われていたと言えます。新学習指導要領に示された知的障害者である児童又は生徒に対する教育を行う特別支援学校の各教科の1段階の内容は、先に述べた通り定型発達の幼児では1〜3歳程度で習得する内容です。自立活動を主とする教育課程で学ぶ児童生徒に、「知識・技能」「思考力、判断力、表現力等」「学びに向かう力・人間性等」という資質・能力を育成するするための各教科の内容が示されていると言えます。児童生徒の各教科の内容の習得の状況を把握し、一人一人に各教科の目標及び内容を押さえ、特に必要がある場合には、自立活動に替えていくことになります。

❹　教科の指導における留意事項

　各教科の特性を踏まえながら、特別支援学校小学部・中学部学習指導要領第2章第1節第1款の3「肢体不自由者である児童に対する教育を行う特別支援学校」（中学部においては第2章第2節第1款）に示された事柄をベースに授業を組み立て、子供たちの力を引き出していかなくてはなりません。

> (1) 体験的な活動を通して言語概念等の形成を的確に図り、児童の障害の状態や発達の段階に応じた思考力、判断力、表現力等の育成に努めること。

　肢体不自由のある児童生徒では、身体の動きに困難があるため、様々なことを体験する機会が不足したまま、言葉や知識を習得していることがあります。そのため、言葉を知っていても意味の理解が不十分であったり、概念が不確かなまま用語や数字を使ったりすることになります。また、脳性疾患等のある児童生徒では、視覚的な情報処理や複雑な情報処理を苦手とするなどの認知特性によって、知識の取得や言語、数量などの基礎的な概念形成に偏りが生じている場合があります。

　このような困難に対して、具体物を見る、触れる、数えるなどの活動や、実物を観察する、測る、施設等を利用するなどの体験的な活動を効果的に取り入れ、感じたことや気付いたこと、特徴などを言語化し、言葉の意味付けや言語概念の形成を的確に図る学習が大切になります。こうした体験的活動を取り入れた学習を基盤にして知識や技能の着実な習得を図ることができ、さらに児童生徒の障害の状態や発達の段階に応じた「思考力、判断力、表現力等」を育成する際にも、効果的な学習となり、学びを深めていくことになります。

> (2) 児童の身体の動きの状態や認知の特性、各教科の内容の習得状況等を考慮して、指導内容を適切に設定し、重点を置く事項に時間を多く配当するなど計画的に指導すること。

　肢体不自由のある児童生徒では、身体の動きの状態や認知の特性から学習に時間がかかること、自立活動の時間があること、病院等における機能訓練等があることから、授業時間が制約されるために、指導内容を適切に設定することが求められます。その際、各教科の目標と内容との関連を十分に研究し、各教科の内容の系統性や基礎的・基本的な事項を確認したうえで、重点を置く事項を定め、指導の順序、まとめ方、時間配分を工夫して、指導計画を作成することが重要です。このとき、身体の動きの状態や認知の特性からもたらされる学習における困難も踏まえて、より学習しやすい指導内容から進めるなどの工夫ができます。

> (3) 児童の学習時の姿勢や認知の特性等に応じて、指導方法を工夫すること。

　肢体不自由のある児童生徒が、学習活動に応じて適切な姿勢を保持できるようにすることは、疲労しにくいことだけではなく、身体の操作も行いやすくなり、学習を効果的に進めることができます。学習で使用する教材等をしっかりと見ることができるように頭部をコントロールできることや、対象を思ったとおりに操作する上肢のコントロールが可能となる姿勢の保持が必要です。また、上下、左右、前後の方向や遠近等の概念は、自分の身体が基点となって形成されるところからも、安定した姿勢を保つことは非常に重要です。

第1部　理論及び解説編

学習時の姿勢に車いすが適していない場合も多いことから、座位保持装置を調整したり、カットアウトテーブルを使用したりする等が必要となってきます。学習時のどのような姿勢がもっとも学習しやすいのかを児童生徒自身が考えていくことも必要です。

　一方、児童生徒の認知の特性に応じて指導を工夫することも重要です。脳室周囲白質軟化症による脳性まひ、二分脊椎症をはじめ脳性疾患等のある児童生徒では、視覚的な情報や複合的な情報を処理することに困難があり、文字や図の把握、それらの書写、図やグラフなどの読み取りを苦手としていることがあります。こうした場合には、文字や図の特徴について言葉で説明したり、読みやすい書体を用いたり、注視すべきところに色を付けたりする工夫が必要です。また、地図や統計のグラフのように多くの情報が盛り込まれている資料については、着目させたい情報だけ取りだして指導した後に、他の情報と関連付けたり比較したりするなど、指導の手順を工夫することもあります。また、認知の特性のため種々の工夫をしても理解が進みにくい指導内容等については、より習得が容易である指導内容を先に進め、その後に先の指導内容に戻ることなども考えられます。児童生徒が学びにくいことに留まっていても知識・技能は習得できませんし、「思考力、判断力、表現力等」は育ちません。常に児童生徒が主体的に学んでいくことができる指導の手順を考えなくてはなりません。

> (4)　児童の身体の動きや意思の表出の状態に応じて、適切な補助具や補助的手段を工夫するとともに、コンピュータ等の情報機器などを有効に活用し、指導の効果を高めるようにすること。

　身体の動きや意思の表出の状態等により、歩行や筆記などが困難な児童生徒や、話し言葉が不自由な児童生徒に対して、補助具や補助的手段を工夫するとともに、コンピュータ等の情報機器などを有効に活用して指導の効果を高めることが必要です。こうした情報機器の活用によってより深い思考や判断ができるようになり、より多様な表現が可能となることが重要です。

　補助具の例としては、歩行が困難な児童生徒については、つえ、車いす、歩行器などがあります。また、筆記等の動作が困難な児童生徒については、筆記用自助具や筆記を代替するコンピュータ等の情報機器や身体の動きの状態に対応した入出力装置、滑り止めシートなどがあります。補助的手段の例としては、身振り、コミュニケーションボードの活用などがあります。

　近年の情報通信ネットワークを含めた情報機器の進歩は目覚ましく、今後様々な活用が想定されることから、情報機器に関する知見を広く収集し、学習への効果的な活用の仕方を工夫することが求められます。

> (5) 各教科の指導に当たっては、特に自立活動の時間における指導との密接な関連を保ち、学習効果を一層高めるようにすること。

　肢体不自由のある児童生徒は、身体の動きやコミュニケーションの状態、認知の特性により、各教科の様々な学習活動が困難となることが少なくないことから、自立活動の時間の指導と密接な関連を図り、学習効果を高めるよう配慮しなくてはなりません。自立活動の時間の指導においても、各教科の学習活動に困難をもたらすことになる身体の動きやコミュニケーションの状態、認知の特性等に対応した指導内容を設定することも必要です。

　学習効果を高めるためには、児童生徒一人一人の学習上の困難について、教員間で共通理解を図り、一貫した指導を組織的に行う必要があります。また、学習上の困難に対して、児童生徒自身が自分に合った方法を用いて対応できるように指導していくことも大切です。なお、各教科の指導の中で自立活動の指導内容が扱われることもありますが、各教科の目標を逸脱してしまうことがないように留意することが必要です。

⑤ おわりに

　小学校、中学校、知的障害者である児童又は生徒に対する教育を行う特別支援学校の各教科は、生きて働く「知識・技能」、未知の状況にも対応できる「思考力、判断力、表現力等」、学びを人生や社会に生かそうとする「学びに向かう力・人間性等」という資質・能力を育成するために、その目標及び内容が整理されました。どのような障害があっても、またどのような発達の段階にあっても三つの育成すべき資質・能力を育むためには教科の学習が必要です。児童生徒の一人一人の学びを踏まえて、まず当該学年の各教科の目標や内容を検討し、必要に応じて下の学年の各教科の目標や内容の一部または全部に替える、そして、さらに必要があれば知的障害教科の目標や内容の一部又は全部に替えることになります。障害の状態により特に必要がある場合には、各教科等の目標及び内容に関する事項の一部又は各教科、外国語活動若しくは総合的な学習の時間に替えて、自立活動を主として指導を行うことができます。「思考力、判断力、表現力等」を育むためには、児童生徒一人一人に応じて、各教科の指導を段階的に、系統的に積み上げていかなくてはなりません。

●引用・参考文献
文部科学省（2017）特別支援学校小学部・中学部学習指導要領（平成29年告示）
文部科学省（2017）特別支援学校教育要領・学習指導要領説明会　配布資料　総則等編（幼稚部・小学部・中学部）平成29年7月
文部科学省（2009）特別支援学校小学部・中学部学習指導要領（平成21年告示）
文部科学省（2009）　特別支援学校学習指導要領解説　総則編

3 「思考力、判断力、表現力等」を育む授業の学習評価と授業改善

独立行政法人国立特別支援教育総合研究所
情報・支援部主任研究員　北川　貴章

❶ はじめに

　冒頭分藤氏より、平成29年4月に告示された、特別支援学校小学部・中学部学習指導要領（以下、新学習指導要領）のポイントに示された、育成すべき資質・能力のうち「思考力、判断力、表現力等」に焦点を当てて、ポイントを説明していただきました。また川間氏には、肢体不自由の障害特性を踏まえて、「思考力、判断力、表現力等」の育成を目指して大切にしたい教育課程の編成に関する基本的な考え方や、個に応じた指導をどのように展開するか説明していただきました。

　本稿では、各教科等でどのような「思考力、判断力、表現力等」を育むか、教科の特性や個々の学習状況を踏まえて明確にさせることの大切さについて、学習評価と授業改善の視点から話を進めたいと思います。

❷ 授業における指導と学習評価の意義

　筆者が教員時代に特別支援学校（肢体不自由）で行った、算数科の体積の授業でのエピソードです。平面に書かれた立体を頭の中で操作することが難しい児童が複数人在籍していました。そこで、直方体の一部が欠けて変形した立体の体積の求め方を考えさせるために、寒天で作った模型を実際に切断する活動を授業で行いました。本時は、直方体や立方体に分解すれば求めることができるということに気付かせる授業でした。児童たちが夢中になって寒天を切っている様子や授業のまとめ部分で代表児童が「直方体や立方体に切る」と発言したことを受け、設定していた目標がおおむね達成でき、「どのように切ればよいか指導した」と確信して授業を終えました。

　しかし、次時の導入部分で、前時のまとめ部分で発言した児童と異なる児童に、「どのようにすればよいか」尋ねると、「切る」という発言は出てきたのですが、「直方体や立方体になるように」という言葉は出てきませんでした。筆者は、前時の寒天の模型を切る活動で、児童たちが夢中になって切る様子に目を奪われ、寒天を切る過程の児童一人一人の思考部分について十分に評価できていなかったことに気付きました。このエピソードか

ら、各授業の中でいろいろな活動や体験を行ったとしても、それは「教えた」「指導した」ことにはならず、教師の自己満足で終わってしまっていたことに気付かされ猛省しました。

安藤（2009）は「教える」とは他者の「学び」との関係で成立するものであり、行為としては単独では存在せず、そこにあるのは単に「話す」とか「提示する」というような行為であり、相手が「学ぶ」ことを目的として「話す」ときに教えるという行為が成立し、「教えた」という言葉は「学ぶ」が成立したときに使える言葉であると述べています。児童生徒に対して確かな力を育むためにも、教師は、授業の中で行う活動や体験を通じ、児童生徒に何を学ばせるか・指導するかの意図を明確にするとともに、児童生徒が考える学びになっているかを適切に判断していくことが重要になります。先に示した筆者のエピソードを例に挙げると、寒天を切る過程で個々の児童が「体積を求めるために何に着目して切っているか」リアルタイムに評価することが重要であり、学習評価の意義を見出すことができます。

また、新学習指導要領では、カリキュラム・マネジメントの充実が求められています。教育課程の評価と改善につなげていくことを各教師が自覚し、児童生徒に何が身に付いたかという学習の成果を的確に捉えて授業改善に取り組んだり、個別の指導計画の実施状況の評価と改善に取り組んだりしていくことがポイントになります。

❸ 学習評価の充実

新学習指導要領総則には、学習評価の充実を図るために、学習評価の実施に当たって配慮すべき事項として、次の3点が挙げられており、各教員は留意する必要があります。

（1）児童又は生徒のよい点や可能性、進歩の状況などを積極的に評価し、学習したことの意義や価値を実感できるようにすること。また、各教科等の目標の実現に向けた学習状況を把握する観点から、単元や題材など内容や時間のまとまりを見通しながら評価の場面や方法を工夫して、学習の過程や成果を評価し、指導の改善や学習意欲の向上を図り、資質・能力の育成に生かすようにすること。

（2）各教科等の指導に当たっては、個別の指導計画に基づいて行われた学習状況や結果を適切に評価し、指導目標や指導内容、指導方法の改善に努め、より効果的な指導ができるようにすること。

（3）創意工夫の中で学習評価の妥当性や信頼性が高められるよう、組織的かつ計画的な取組を推進するとともに、学年や学校段階を越えて児童又は生徒の学習の成果が円滑に接続されるように工夫すること。

平成29年4月28日告示　特別支援学校小学部・中学部学習指導要領より

これらのことを踏まえ、いくつかの観点でさらに留意していただきたいポイントを述べたいと思います。

（１）指導計画や評価計画の作成

　学校教育における学習評価は、目標に準拠した評価を行うことが求められています。目標に準拠した評価は、学習指導要領に示す目標に照らしてその実現状況を評価するものであり、観点別学習状況の評価を基本として、児童生徒の学習到達度を適切に評価していくことが重要となります（文部科学省Webページより）。

　新学習指導要領は、各教科等の目標及び内容を資質・能力の三つの柱で整理しています。そのため、目標に準拠した評価を行うためにも、「知識及び技能」「思考力・判断力・表現力等」「学びに向かう力・人間性等」の３観点に整理して行われることが重要になります。

　ここで留意していただきたいことがあります。本書のテーマは、「思考力、判断力、表現力等」ですが、三つの資質・能力は相互に関係しているということです。教師は、この三つの資質・能力の育成に向かってバランスよく目標を立て、評価をしながら児童生徒の学習を考えていく必要があります。ある単元の中で、本時は「思考力、判断力、表現力等」に焦点を当てた指導目標で授業が展開されることも考えられますが、同単元の中で他の資質・能力に触れないで指導が展開されるということは避けなくてはいけません。

　そのためにも年間指導計画や単元計画等を立て、各単元でどのような力を育むか評価計画も含めて明確にしていくことが大切になります。その際、特別支援学校の教育課程には、自立活動の指導が設定されるため各教科の指導時数が少なくなることや、障害特性を踏まえた指導の工夫が求められること等を踏まえながら、三つの資質・能力を確実に育む

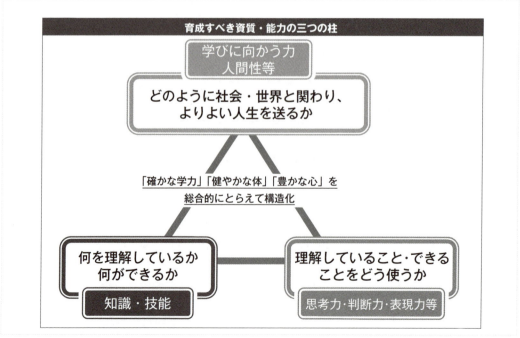

図１　育成すべき資質・能力の三つの柱の関係図

ために、指導内容に軽重を付けたり、単元の順番や授業の学習の過程、題材等の工夫も重要になります。

（2）評価規準・評価基準について

　読者の方は、思考力、判断力、表現力をどのように捉えているでしょうか。国語辞典で調べてみると思考、判断、表現は次のような説明がされています。

思考＝考えること。
判断＝物事の、よいわるい、うそかほんとかなどを見分けて決めること。
表現＝物事の感じやようすを身ぶり・ことば・文字・色・形などに表すこと。

旺文社（1989）標準国語辞典改訂新版より

　各自の言葉の解釈やイメージで、児童生徒の学びを評価しているようなことはないでしょうか。また、特別支援学校の授業では、ティーム・ティーチングによる指導形態をとることが多く、各授業者の頭の中にある観点で児童生徒の評価をしても、関係する教員間での観点がズレていたら、共通理解を図ることも難しくなります。ここで押さえておきたいことは、国語辞典に記されているような「思考」「判断」「表現」等の言葉の意味や各教師のイメージで解釈して行う評価では、学習評価を行ったとは言い難いということです。学習指導要領の目標は、各教科等の特質に応じて書かれているのと同じように、各教科等の評価の観点も教科の特質に応じて具体化していくことが重要になります。そのためにも、学習指導要領の本文や解説書等を読みながら、教科の特質に応じた評価規準・評価基準を作成し、個々の学びの状況を適切に評価していくことが重要になります。

　さらに新学習指導要領では、知的障害のある児童生徒に対する教育を行う特別支援学校の各教科の目標についても、小学校及び中学校の各教科等と同様に資質・能力の三つの柱で整理されました。各教科の特質に応じて、評価規準・評価基準を作成して評価していくことが大切になることに留意する必要があります。

（3）各教科等の指導と自立活動の指導の学習評価の違い

　先にも述べたとおり新学習指導要領では、各教科や外国語活動などの目標及び内容を、育成を目指す資質・能力の三つの柱の育成がバランスよく、偏りなく実現できるよう、三つの柱ごとに目標及び内容を系統的に配列しています。各教科等はこの教育の内容を、生活年齢に即して順に教育することにより人間として調和のとれた育成を目指しています。

　しかし自立活動の目標及び内容は、三つの柱では整理されていません。なぜなら、児童生徒一人一人の障害の状態は異なり、個々に指導目標及び指導内容を設定するため、当然一律に目標や内容を三つの柱で系統的に示すことはできないからです。ですから、自立活動の目標は、次ページのような共通の目標が一つ掲げられ、この目標を達成させるために、個々の実態に応じて指導目標・指導内容が設定されていくことになります。

第1部　理論及び解説編

> ≪自立活動の目標≫
>
> 　個々の児童又は生徒が自立を目指し、障害による学習上又は生活上の困難を主体的に改善・克服するために必要な知識、技能、態度及び習慣を養い、もって心身の調和的発達の基盤を培う。
>
> 平成29年4月28日告示　特別支援学校小学部・中学部学習指導要領より

　そして自立活動の目標に示す「知識、技能、態度及び習慣」は、障害による学習上又は生活上の困難を主体的に改善・克服するための知識、技能、態度及び習慣であり、調和的発達の基盤を培うものであります。つまり、自立活動の目標に記されている「知識、技能、態度及び習慣」は、「知識及び技能」「思考力、判断力、表現力等」「学びに向かう力、人間性」の資質・能力の三つの柱の基盤に当たりますのでつながりはありますが、異なるものであることを理解しておく必要があります。

（4）自立活動の指導における学習評価の観点

　先に述べたようなことから、自立活動の評価は「知識及び技能」「思考力、判断力、表現力等」「学びに向かう力、人間性」の資質・能力の三つの観点で評価することはそぐわないことを理解していただけたらと思います。

　しかし、自立活動の評価は、観点を設けなくてよいということではありません。評価の信頼性や妥当性を高めるためにも、授業後に児童生徒の変容や良かったところ、頑張っていたところ等を教員の記憶や直感だけで評価するのでは信頼性や妥当性を失います。表1、表2のような評価基準を作成して、事前にどのような児童生徒の姿を評価するか明らかにしながら指導を行い、評価に基づく授業改善が行われることが重要です。

表1　自立活動の評価基準の例①

目　標	評　価　基　準
自分でスイッチ操作をしながら玩具を動かして、スイッチと玩具の因果関係を理解する。	1．教師が手を添えてスイッチまで児童の手を誘導すると、自分でスイッチを押す。 2．自分からスイッチに手を伸ばし、自分でスイッチを押す。 3．自分でスイッチを操作して、動く玩具に視線を向ける。 4．自分でスイッチ操作をして、動く玩具を追視する。 5．玩具が止まったら、自分からスイッチを操作して、玩具を動かす。

表2　自立活動の評価基準例②

目　標	手だて	A基準	B基準	C基準
教員の働きかけを受け入れ、自らその継続を求める要求行動が示せるようにする。	1　手を引いて誘う。 2　手を継続的に引いたり離したりしながら誘う。 3　肩などに触れて合図し、50cmほど離れた場所から声で誘う。 4　肩などに触れて合図し、1mほど離れた場所から声で誘う。 5　(1.5mほど離れた)扉から顔を出して呼びかける。	離れた場所から顔だけ覗かせる教員を見て、近寄って行くことができる。 教員が顔を覗かせるだけで、笑顔になったり声を出したりする。	少し離れた場所から声をかけられても、近寄って行くことができる。 少し離れた場所にいる教員に視線を向け、方向を確かめてから近づいていくことができる。	視線を向けず手をなめたり手噛みをしたりして、教員に近づいていこうとしない。

国立特殊教育総合研究所（2006）肢体不自由のある子どもの自立活動の手引より

（5）授業改善や個別の指導計画の修正につながる学習評価の工夫

　各授業は、個別の指導計画に基づいて行われています。個別の指導計画を作成するに当たっては、複数の教員が関与しながら目標や内容を検討し、作成している学校が多いと思います。そこで立てられた目標や内容は、絶対の唯一解として導き出したり、指導前から妥当性を検討したりすることは難しいと思います。そこで、多くの学校では、まず試行的に個別の指導計画に基づいた授業を行い、学習評価を行う中で授業改善を図るとともに、個別の指導計画の目標や内容の妥当性を検証し、必要に応じて修正を行うなどして、個別の指導計画の精度を高めていると思います。

　そこで重要な観点の一つとして、どのような情報や記録に基づいて、どのような方法で学習評価を行い、個別の指導計画にフィードバックしているか、各授業者が説明できることが挙げられると思います。

　例えば筆者は教員時代に、小学部自立活動を主とする教育課程のティーム・ティーチングで行う集団授業の評価方法として、ビデオの映像を用いたことがありました。40分の授業の全映像を週１回行われる会議の中で視聴しながら話し合うことは非効率的であり、また各授業者の記憶も曖昧で方法に工夫が必要でした。そこで、授業直後に教員が交互に連絡帳へ児童の様子を記入する時間を活用しました。授業直後の記憶がフレッシュなうちに、あらかじめ評価の観点を明確にしておいた上で、児童の様子で気になったこと（期待していた児童の様子と違った点、児童の様子で判断に迷ったところ、いままで見せなかった新たなる発見、映像では確認が難しいと思われる児童の微細な身体の動きの変化等）をメモ程度の分量で付箋に書き出すようにしました。書き出されたメモの内容を分類し、複数の教員間で児童の評価のズレが生じている点を中心に、ビデオで確認して検討して、児童の実態を捉え直したり、授業改善を行ったりしました。そのような手続きで行った各時間の評価は有益な情報となり、個別の指導計画の目標や内容の修正につながり、次年度に引き継ぐことができました。

　これはあくまでも学習評価の工夫の一例です。本シリーズでも学習評価の工夫に取り組まれた事例が掲載されていますので、是非、参考にしていただきたいと思います。そして、各学校の実情に合わせて学習評価を工夫していただきながら実践に取り組み、今後発行される本書のシリーズで紹介されることに期待します。

●参考・引用文献
安藤隆男・中村満紀男（2009）特別支援教育を創造するための教育学　明石書店
安藤隆男（2004）特別支援教育における評価の在り方について―個別の指導計画作成の現状から個別の教育支援計画を展望して　肢体不自由教育，167
国立特殊教育総合研究所（2006）肢体不自由のある子どもの自立活動の手引
徳永豊（2004）評価の動向と特別支援教育　肢体不自由教育，167
文部科学省（2017）特別支援学校小学部・中学部学習指導要領
文部科学省：学習評価に関するQ＆A
　URL：http://www.mext.go.jp/a_menu/shotou/new-cs/qa/1299415.htm（2017年９月時点）

第2部
実 践 編

- ■ 準ずる教育課程
- ■ 知的代替の教育課程
- ■ 自立活動を主とした教育課程
- ■ 自立活動の指導

第2部の各実践では、以下の①〜③の3つの視点から、授業改善が表現されているかの目安を★、★★、★★★で示しました。「思考力・判断力・表現力」の観点の理解を深めるための参考としてください。

①子どもの思考場面がよく作れている	➡	思考力	★
②子どもの判断する機会がよく作れている	➡	判断力	★
③子どもの多様な表現が引き出せている	➡	表現力	★

★ ・・・表現されている
★★ ・・・明確に表現されている
★★★ ・・・より明確に表現されている

（注）★の数は、読み取ることができる範囲での目安であり、内容の評価ではありません。

第2部　実践編　■　準ずる教育課程

1 肢体不自由児の 視覚認知に配慮した教科指導

長崎県立諫早東特別支援学校　教諭　山本　政一
（現 長崎県立島原特別支援学校南串山分教室　主幹教諭）

●小学部　算数

Keywords　①視覚認知　②ビジョントレーニング
③教科学習（算数）

思考力　★★★
判断力　★
表現力　★

1 実践事例の概要

　脳性まひ児の多くは、運動障害に加え、視覚認知「文字や図形を捉えることの困難さ」が日々の教育活動の中でも課題として浮かび上がっています。実際、本校小学部の児童も算数科では「角の捉えが曖昧」「定規の目盛りを読めない」「図形の定義は暗記しているが、図形を見て定義に当てはまる形を捉えることが難しい」等の課題があり、国語科でも「行を飛ばして読む」「漢字の識別や模写が難しい」等の学習上での困難さがありました。そこで、脳性まひ児の学習上の困難さをもたらしている認知面での課題を、WISC-Ⅲ知能検査やフロスティッグ視知覚発達検査で明確にし、個々の視覚認知特性に応じた教材・教具の工夫や指導・支援の在り方を検討しました。

2 授業改善のポイント

　本校の脳性まひ児に対しWISC-Ⅲ知能検査やフロスティッグ視知覚発達検査を実施すると、聴覚的な処理、言葉の理解や操作は全般的に得意で、視覚的な処理、絵や図の理解や操作は全般的に苦手であることが示されました。また、文字や図形を見て認識する力や視覚・空間認知（目で見たものを頭の中でイメージ操作する力・見たものの空間的な位置関係を認識する力・地の中から図を読み取る力）が弱いと示されました。このような検査結果をもとにビジョントレーニングを取り入れたり、算数科において視覚認知特性に応じた教材・教具の工夫や指導・支援の在り方を検討し、各教科の授業づくりの視点をまとめたりすることで、より良い授業へとつなげることにしました。

3 実践例

（1）ビジョントレーニングの実際

　フロスティッグ視知覚発達検査を踏まえ、ビジョントレーニングに取り組むことで視覚

認知の向上を目指すとともに、各教科の学習につなげていくことができると考え、以下の内容について週2回、10分程度継続して実施しました。

［線結び］ 線の上を指でなぞったり、線を目で追ったりする。 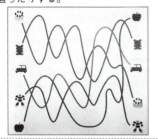	［数字探し］ ランダムに配置された1〜30までの数字を探し、数を順番に指で指しながら探す（頭を動かさず、目で数字を探す） 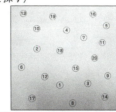	［文字読み］ 10行×10列に書かれた文字を行読み、列読みする。文字は指で指さず、頭を動かさないで目で文字を捉えて読む。 
【開始時】 終点を見ながら線をなぞっていくことが難しく、別の始点から始まる線が交わったところで、違う終点の線をなぞることが多かった。	【開始時】 いろいろな方向へ視線を移すことが難しく、5cm程度離れた数字であれば気づくが、それ以上離れると「下から上」「上から斜め下」など視線の移動が難しく、探すのに時間がかかる。	【開始時】 マスで囲まれた文字については行読み、列読みができるが、マスがなくなると行や列を飛ばすことがある。下から上（行読み）、右から左（列読み）が苦手な目の動きがあった。
【変容】 終点を意識し、少し先を見て進むことで、間違えることが少なくなった。	【変容】 指で指さなくても、目で探せるようになり、スピードも速くなった。	【変容】 指で指さなくても、目で探せるようになった。音読で行を飛ばすことが減った。

（2）図形指導の実際（小3算数科「三角形と角」の授業実践）

　対象児童は計算に関して興味・関心が高く、計算をパターン化し言葉で表したり、繰り返し問題を解いたりすることで理解できます。図形に関しては、図と地の弁別や図形が重なると辺が捉えにくい傾向にあります。また、上肢操作の困難さから、定規やコンパスは市販のものでは操作が難しく、作図の経験は限られてしまいます。聴覚的短期記憶が得意ですが、抽象的な内容になると情報を整理するのに時間がかかるため、端的で必要な言葉だけで説明された方が理解できます。これらの実態を受け、「三角形のなかまを調べよう」の小単元「三角形と角」で視覚認知の特性に応じた教材・教具の工夫や支援の在り方を検討し、授業を実施しました。

【教材について】

　教材・教具については、対象児が触って辺や角などの構成要素を捉えやすいこと、見やすく扱いやすいこと、色のコントラストなどに配慮して次のようなものを準備しました。

＜教材ア＞
辺と辺を動かし、開くことができる。開き具合で角の大きさが決まることをイメージしやすいよう作成した。

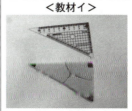

＜教材イ＞
市販の三角定規は透けて見えにくいので、不透明なカラーボードで三角定規を作成した。角の大きさを比べやすくするため、分解できるようにした。

第2部　実践編　■　準ずる教育課程

【本時の学習「三角形と角」について】

※学習目標：形としての角の意味を理解し、角の相等や大小を調べることができる。

学習活動	指導の手立て	児童の様子	
①辺、頂点、角について＜教材ア＞を操作し確認する。	・＜教材ア＞を使い、角の開きを自分で実際に操作し、どの部分が角か確認させるとともに角の大小も体験的に捉えさせる。		辺を上に広げると黄色で示す角が開き大きくなる、閉じると角が小さくなることを自分で確認できた。
②三角定規の三つの角を大きい順に並べ予想を立てる。	・三角形をパズルのように分解できる＜教材イ＞を使う。 ・それぞれの角を比べやすくするため色を付ける。		三つの角の大きさを比べ大きいと思う順に左から並べ、見た目で予想を立てたが、角の大きさではなく、一つ一つのパーツの大きさで並べ、予想は外れていた。
③三角定規の三つの角の大きさを重ね合わせる方法で比べる。	・比べる角を、黒で囲まれたホワイトボードの左隅に、下の辺をそろえ、比べる方法を教師が支援する。		自分で比べる角を二つ重ね左隅に置き、角に注視することはできたが、重なった部分が見えず、はみ出した方の角が大きいことの理解は難しかった。
④三角定規の三つの角の大きさを角の開き具合を確認する方法で比べる。	・＜教材ア＞を使い、角の開き具合に着目しにくい場合は、角が入るところまで開く方法で確認させる。		＜教材ア＞ではより上に開いて入る方が角が大きいことを理解していたため、三つの角を比べることができた。その後、角を見て大きい順に並べることもできた。
⑤角の大きさは辺の開き具合で決まることを確認する。	・＜教材ア＞を動かしながら角の定義を言葉で端的に伝える。	角の大きさの定義を言語化するとともに＜教材ア＞の動きで確認することで、学んだことを整理し理解することができた。	

　＜教材ア・イ＞を使い、注視してほしい角に焦点を当てること、正確に捉え判断し、三つの角を大きい順に並べることができました。また、角の大きさが開き具合で決まるということを体験的に学習することで量感や形を捉えることができました。

（3）視覚認知に困難のある肢体不自由児に対する授業づくりの柱

　図形指導での授業実践を受け、視覚認知に困難のある肢体不自由児に対する授業づくりの配慮として「学習環境の整備」「教材・教具の工夫」の二つを柱にし、支援の視点を明確にしました。「学習環境の整備」においては、できるだけ目で見て捉えやすい状況をつくることが大切で、不要な刺激が入らないような環境づくりに配慮すること、「教材・教具の工夫」については、色のコントラストや文字の大きさなどに配慮し、労せず注視できる教材を心がけること、図と地の弁別の問題を考慮することを意識し、以下の表にまとめました。

学習環境	『教室環境の整備』	・照度　・カーテンの開閉　・風通し　・温度、湿度
	『座席配置』	・黒板や友達との席の間隔　・利き目の確認　・児童同士のかかわり　・児童の姿勢、座席の角度
	『視覚情報の整理』	・机上の整理　・掲示物の整理（掲示する場所、内容、量、文字の大きさや太さ、色調等）
教材・教具	『全体指導における教材・教具』	・大きさ　・色　・背景
	『板書』	・範囲　・チョークの色　・構成　・文字の量
	『個に応じた学習プリント』	・記入欄（大きさ、罫線、マスの有無）　・プリント用紙の大きさ ・文字（大きさ、色、フォント）　・図の色、大きさ
	『個に応じた教具』	・大きさ　・色　・背景　・操作のしやすさ

❹ 授業改善の成果と課題

（1）成果

　ビジョントレーニングを取り入れ継続的に行うことで、「よく見ること」を自ら意識し、文章を読む際に文字飛ばしや行飛ばしが少なくなり、書字の学習でも枠の中に字を書くことができるようになりました。視覚認知能力も少しずつ向上し学習面での集中力や理解力の向上にもつながりました。

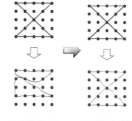

　前述の表を参考に、各教科の教材・教具は、色や大きさ、背景色とのコントラスト（重要な文字カードの背景色は黒、文字の色は白にする等）の配慮はもちろん、学習プリントは、文字のフォントを見やすいゴシック体（国語は、「とめ」「はね」「はらい」が見やすい教科書体）にし、大きさも20ポイント程度にするようにしました。提示する絵

や写真、図や表は拡大し、少ない情報にすることなどより一層充実した教材づくりに生かせました。学習環境においても、利き目に応じた座席の配置や黒板周りの掲示を整理するなど、視覚認知に配慮した授業づくりを行うことができました。

（2）課題

　学習内容の理解を促すためには、より端的な言葉で表現すること、教材の色、コントラスト、背景に配慮すること、学習したことを視覚的に残し理解を促すためのワークシートを工夫する必要があると再度確認しました。また、量感や形を捉えさせたい学習では、視覚認知に配慮するとともに自分の身体を使って表現する活動を多く取り入れ、視覚的に捉えやすくする配慮がより必要であると考えました。

❺ まとめ

　教材の工夫、脳性まひ児の視覚認知面の困難さに対する配慮といった視点から、見えやすいのか見えにくいのかを、授業の中で常に教師が意識するようになり、児童の実態に即した授業づくりができるようになってきました。子どもたちが学習の中で「分かった」「できる」「またやりたい」と思えるよう、今後も指導内容・方法の検討を行い、一人一人のより良い指導・支援へとつなげていきたいと考えます。

Comment

　本実践は、児童の生活上・学習上の困難を把握し、自立活動の時間における指導と各教科の指導の関連、教材・教具等の工夫を導き出すまでのプロセスが参考になります。対象児童が、生涯を通じて主体的に学び続けるためにも、自己の認知特性に合った学習スタイルを獲得していく指導の発展に期待します。

（北川貴章）

2 論理的に考え、適切に表現する力を高める指導
～各教科における言語活動の取組を通して～

青森県立八戸第一養護学校　教諭　伊澤　理絵

●中学部　国語・社会・数学・理科・英語

Keywords
①各教科における言語活動
②個々の課題・手立ての共有
③学校内外での「発表する機会」の活用

思考力　★★
判断力　★
表現力　★★

1 実践事例の概要

　対象生徒は、中学部A類型（準ずる教育課程）第3学年の6名です。学力面では個人差がありますが、基本的な学力の定着は図られており、半数の生徒は授業中の発言も活発です。しかし、知識を基にした単純な回答は得意な生徒も、根拠を基に論理的に説明することを苦手としています。その背景として、小学部の頃から少人数の限られた人間関係の中で過ごしてきたことや、様々な面での経験不足が影響していると考えられます。

　そこで、生徒たちの「論理的に考え、適切に表現する力」を高めるため、5教科それぞれにおける言語活動の役割について担当者間で共通理解を図り、個々の生徒の課題と手立てを共有しながら授業改善を行うことにしました。ここでは、5教科の担当者で連携して取り組んだ言語活動の実践と、学校内外での「発表する機会」を活用した取組を紹介します。

2 授業改善のポイント

（1）各教科における言語活動の役割と、各教科で取り組む言語活動の設定

　授業実践に先立ち、5教科の担当者で、各教科における言語活動の役割についての捉え方を共通理解しました。『言語活動の充実に関する指導事例集【中学校版】』に明記されているように、国語科では、「基本的な国語の力」を定着させ、「言語活動を行う能力」を培う必要があります。加えて、他の教科では、「それぞれの教科の目標を実現する手立てとして」言語活動を行います。

　そこで、これらの捉え方と学習指導要領解説等を参考に、年間を通して各教科で取り組む言語活動を図1のように設定しました。

（2）言語活動に関する一人一人の課題と手立て

　各教科で実践を行う中で明らかになった個々の課題と手立てについて、担当者間において表1のように共有しました。その後は、共有した手立てを活用した授業を参観し合い、授業の改善を図っていきました。

2　論理的に考え、適切に表現する力を高める指導

```
┌─────────────────────────────────────────────────────────┐
│  ┌───────────────────────────────────────────────────┐  │
│  │ 国語科における「言語活動」                          │  │
│  │   基本的な国語の力を定着させ、言語活動を行う能力を培う。│  │
│  └───────────────────────────────────────────────────┘  │
│ ・各説明的文章のまとめとして、筆者の主張、筆者の主張に対する自分の意見、重要な│
│  比喩の示す意味について、一人一人がプレゼンテーションする活動を設定する。（国語│
│  科）                                                    │
│  ┌───────────────────────────────────────────────────┐  │
│  │ 各教科における「言語活動」                          │  │
│  │   それぞれの教科の目標達成の手立てとして、教科の特質に応じた活動を│
│  │   行う。                                            │  │
│  └───────────────────────────────────────────────────┘  │
│ ・社会事象について考えたことを説明したり、資料から読み取れることについて、自分│
│  の考えをまとめて発表したりする場面を設ける。（社会科）  │
│ ・計算の手順や図形の観察、操作を説明する場面を設ける。（数学科）│
│ ・観察・実験の結果から、各自の気づきや考えをプリントに記述し、発表する場面を設│
│  ける。（理科）                                          │
│ ・基本的な文法表現を用いて、自分自身のことを話したり、書いたりして発表する場面│
│  を設ける。（英語科）                                    │
│                                                          │
│ ＜学校内外での「発表する機会」＞                         │
│ ・市内中学校弁論大会　・市内中学校英語弁論大会           │
│ ・学習発表会（調べ学習の発表）・短歌発表会（外部講師招聘）│
└─────────────────────────────────────────────────────────┘
```

図1　年間を通して各教科で取り組む言語活動

表1　一人一人の課題と手立て

	言語活動における実態	手立て
生徒A	深く追求せず、あっさりと答えようとする傾向がある。	キーワード等、充たすべき条件を提示し、体系的に思考した上で答えるよう促す。
生徒B	知識を基にした単純な回答になり、根拠を基にした論理的な説明に至らない。	具体的な言葉を用いて、根拠を明確にして説得力のある説明をするよう促す。
生徒C	直感的に核心に迫る発言をするが、適切な言葉に整理して答えられない。	適切な接続詞を用いる等、言葉を整理して聞き手に伝わる説明をするよう促す。

※　生徒D、生徒E、生徒Fについては、ここでは省略します。

❸　実践例

（1）国語科における授業実践（一例）

　5教科の全てで実践しましたが、ここでは国語科で行った一例を挙げます（次ページ表2）。

　深く考えずに答える傾向のある生徒Aに対しては、「①『森の中のりんご』の比喩が示す意味を明らかにしながら、②『体系的な知識』という言葉を使って、③インターネットと図書館での調べ物の違いを説明」と複数の条件を示すことで、体系的に思考して答えることを期待しました。参観者が多い授業では、いつものようにあっさりと回答した生徒Aでしたが、次の時間には条件を十分に充たして答えることができました。また、抽象的な

第2部　実践編　■　準ずる教育課程

表2　国語科における授業実践

単元名	ネット時代のコペルニクス（論説文）　光村図書　国語3年
つけたい力	他者の意見を理解した上で、自分の考えを正確に伝える力
単元の目標	筆者の意見を理解し、それに対する自分の考えを述べる。
本時の活動	①「森の中のりんご」「ネット時代のコペルニクス」のどちらかについて、比喩の意味を明らかにして説明する。 ②筆者の意見を踏まえた上での自分の意見を、論理的に述べる。
全体への手立て ※個々への手立ては②の（2）	①「森の中のりんごの木と実」「コペルニクスと中学生」の図とキーワードを提示する。 ②意見を論理的に伝えることに慣れるため、下記のミニ論説文の形式をワークシートとして提示する。 　　「確かに」（予想される反論）　　「しかし」（反論の打ち消し） 　　「なぜなら」（自説の根拠）　　「よって」（結論＝自説）

　言葉を繰り返すことの多い生徒Bに対しては、図を提示して、抽象的な言葉を具体的な言葉に置き換えるよう助言したところ、言葉を一つ一つ正確に置き換えて、比喩の意味を説明することができました。

（2）学校行事や学校外での「発表する機会」の活用

　各教科で行っている言語活動の成果を確かめる機会として、学習発表会では、テレビ番組の形式を借りて、総合的な学習の時間に調べた内容をプレゼンテーションする演目に取り組みました。生徒たちは、見ている人に分かりやすいように原稿を工夫したり、演技について助言し合ったりしながら演目を作り上げました。

　中学部A類型10名で行った短歌発表会には、歌人を外部講師として招聘し、生徒一人一人の作品に講評をいただきました。生徒たちは緊張感をもって自作の短歌を発表し、友達の作品に対して言葉を選んで感想を述べました。専門家の方に称賛いただいたことは、生徒たちの表現する意欲につながりました。

　また、市内の中学校弁論大会には、主催者の協力を得て、車いすを使用している生徒Cが参加しました。演台で発表することは難しいため、机の上にマイクを移しての発表でした。生徒Cは、学校代表という意識をもって主体的に練習に取り組み、本番ではその成果を十分に発揮することができました。

④　授業改善の成果と課題

（1）成果

　5教科で連携した言語活動の取組では、生徒の実態や手立てについて担当者間で共有しながら、年間を通して実践を継続してきました。生徒Aに対しては、キーワード等の充たすべき条件を示すことで、それらを網羅しようという意欲が高まり、体系的に考え深まりのある説明ができるようになりました。生徒Bに対しては、具体的な言葉を用いて説明するよう促すことで、抽象的な言葉を繰り返すだけの発言が改善され、話を適切な言葉で収

束させるようになってきました。

　また、各教科で行っている言語活動の成果を確かめるため、学校内外の様々な発表の機会を捉えて実践を行ってきました。学習発表会では、人前での発表に消極的な生徒たちも大いに活躍し、精神面での成長を感じました。また、市内中学校弁論大会に出場した生徒Cは、その後3回に渡る発表依頼にも責任感をもって臨み、授業においても聞き手に訴える力のある発言が増えました。

（2）課題

　今回の実践では、苦手な部分を改善するための支援や、「やる気を引き出す」心理面での支援が多かったと感じています。結果として、どの生徒も、表現する活動に前向きに臨むことができました。しかし、生徒たちが将来、自分の力で「論理的に考え、適切に表現する」ためには、自発的に表現しようという気持ちが必要です。今後は、生徒たちが自分の得意分野に自信をもち、自らの意思で表現できるよう、得意な面を伸ばしていけるような支援を重視していきたいと考えています。

❺　まとめ

　今回の取組を通して、言語活動の力を培うためには、国語科の果たす役割が大きいことを確認するとともに、各教科の相互作用で深まることを実感することができました。生徒たちは現在、高等部（一人は高等学校）2学年になり、一般就労を目指しています。授業での実践が一時の力で終わらず、生徒たちの自立と社会参加につながるものとなるよう、指導内容や支援を見直し授業改善に取り組んでいきたいと思います。

●参考文献
中央教育審議会（2008）幼稚園、小学校、中学校、高等学校及び特別支援学校の学習指導要領等の改善について（抄）
文部科学省（2011）言語活動の充実に関する指導事例集―思考力、判断力、表現力等の育成に向けて―【中学校版】

Comment

　言語は児童生徒の学習活動を支える重要な役割を果たすものであり、言語能力は全ての教科等における資質・能力の育成や学習の基盤となるものです。今後、本事例がいかに、いかなる「論理的に考え、適切に表現する」という言語能力を、どのような言語活動を通して育成できるのかをさらに分析し、発信してほしいです。

（分藤賢之）

第2部　実践編　■　準ずる教育課程

3 高次脳機能障害のある生徒の準ずる教育の実際

北海道函館養護学校　教諭（現　北海道函館盲学校　教頭）　辻山　しのぶ

●中学部　教科指導（英語）

Keywords　①高次脳機能障害　②教科指導　③指導の工夫

思考力 ★★
判断力 ★
表現力 ★

1 実践事例の概要

　高次脳機能障害は、病気や事故など様々な原因で脳に損傷を受けたことにより発症し、理解や思考、判断などに困難性が生じるとされています。そうした症状のある生徒への教育実践の報告は、全国的にも数少なく、特に教科指導は、指導者側の理解の不十分さから、当該学年の学習に遅れが生じることが多く、下学年対応もしくは知的障害教育に代替した学習で行われていることが多くみられます。

　本事例では、高次脳機能障害と肢体不自由を併せ有する中学部第2学年生徒の教科指導について、他障害種での実践から蓄積されてきた知識や技能を最大限に生かし、その特性理解と特性に応じた指導の充実を目指した教科指導の取組を紹介します。

2 授業改善のポイント

　生徒が安心して学習に取り組み、教科学習の定着を図ることを目指した授業改善として、以下の3点に重点をおきました。

・多面的なアセスメントの徹底を図ること（WISC-Ⅲ、DN-CAS、三宅式記名検査、FIM機能的自立度評価表の客観的なアセスメントや日々の実践から得た評価等）
・アセスメント結果に基づき、学習環境や指導の手立ての改善を重ね続けること
・関係する教科担当者全員が指導方法等を共通理解して授業に取り組むこと

　以下、高次脳機能障害の特徴的な症状ごとに、取組のポイントを紹介します。

（1）注意障害に対する学習環境と指導の工夫

①掲示物は、分かりやすく、シンプルな掲示にします。
②何をどこに置くのか、見て分かるようにします。
③日課に沿った習慣を定着させ、スムーズに授業準備が行えるようにします。
④視覚的な手がかりで行動を振り返られるようにします。

②の実践例

（2）記憶障害に対する学習環境と指導の工夫

①メモリーノートを有効に活用できるようにします。
②聞いたことを声に出させ、覚えるポイントを書かせるなど、覚え方を工夫できるようにします。
③日常の決められていることは習慣化します。
④視覚的な手がかりで思い出せるようにします。

④の実践例

（3）遂行機能障害に対する学習環境と指導の工夫

①教科書やワーク等を時間割ごとに整理できるようにします。
②手順書等の視覚的な手がかりを確認しながら、自分で行動できるようにします。

①の実践例

（4）地誌的障害に対する学習環境と指導の工夫

①移動に必要な目印を提示します。
②「教室は、玄関を背にしたら真っ直ぐ。突き当たりを左。」等、同じ言葉かけを端的に伝えるようにします。
③「教室の前が家庭科室、調理学習のとき便利だね。」等、関連付けて覚えることができるようにします。
④分からないときは、周りの人に聞く等、適切な援助依頼ができるようにします。

①の実践例

3 実践例

（1）教育課程

　本生徒は、当該学年に準ずる教育課程において教科指導を行っていますが、記憶障害のために繰り返しの学習が必要なことから、各教科の内容を精選した学習計画を立て授業を展開しました。

（2）校内連携の充実

①教科担当との連携

　定例の教科会議だけでなく、各教科の授業の様子や学習進度、履修状況、指導の手立て等を共通理解し、より良い指導内容・方法を探りました。また、保護者の要望、関係機関からの情報、本人の心身の状態、投薬の調整状況等もあわせて担任から発信しました。

②関係部署との連携

　学部研修を通して、生徒の状況や指導内容・方法について学部内で共通理解するとともに、自立活動教諭、養護教諭等と連携し、身体状況や病状に起因する精神面の状況を把握することに努め、学習状況との関連付けを行い、必要な指導内容や手立てを考えました。

また、保護者の了解を得て、高次脳機能障害の専門家（医学部大学院教授）から具体的な助言をいただきました。

（3）各教科における授業の工夫

各教科担当が本生徒の特性や教科の特徴を生かした取組を進めましたが、ここでは特に本生徒が苦手としていた英語科の授業改善を述べます。

①授業での学習活動についての見通し

・あらかじめ黒板に授業の流れと内容を記入し、主体的に授業に参加できるようにしました。

②ノートテイクの方法

・ユニット（単元）ごとの覚えるべきポイントを付箋に書き、探しやすくしました。

・プリント類を紛失することが多いため、すべてノートに貼り付けて整理できるようにしました。

・履修項目を見つけやすいように、ノートに罫線を引いて記入するようにしました。

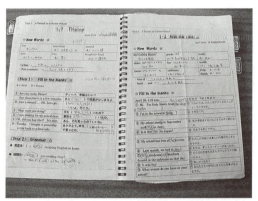

プリントはノートに貼り付けて整理

③授業内容の理解

・単語をすぐに忘れてしまうため、エピソードとして例文を考えさせたり、ジェスチャーを使って覚えるようにしました。

・文法は、好きなキャラクター等のピクチャーカードを使用し、文章を構成できるようにしました。

（4）代替手段の活用について(メモリーノート)

メモリーノートの活用

宿題等を記憶しておくことが難しいため、電子辞書のボイスメモに教科担当が入力したものを昼休みや帰りの会でメモリーノートに転記できるようにしました。

❹ 授業改善の成果と課題

学習の定着は、各教科でその特徴に即した指導方法があるものの、どの教科も丁寧に繰り返し教えることで理解と定着が図られ、前期の中間・期末考査では4割～7割強の結果

を得ることができました。しかしながら、復習には多くの時間を要しており、その学習方法は家庭学習のあり方も含めて、大きな課題は残っています。

❺ まとめ

「高次脳機能障害の児童生徒にとって、どの教育課程が適切なのだろうか」「もっと効果的な指導方法や支援はないのだろうか」と、担任として何度も自問自答しています。生徒とのやりとりの中で試行錯誤を繰り返しながらも、教科担当から聞く生徒のがんばりや学習成果、担任としてかかわる中での生徒の変容に、「もっと工夫すると、もっと力を伸ばせられるのではないか。自分の指導・支援がまだまだ足りない」と、気持ちを奮い立たせて生徒の指導に向き合ってきました。

小学生から大学生までの高次脳機能障害者のうち、何らかの支援が必要な方は、1万人に3～4人と推計されています。しかし、その在籍や教育実践の状況は、教育関係者間で十分に共有されていないのが現状です。成長期の脳は可塑性があると言われており、その可能性に対して、私たち教師が現在までに培った実績と専門性を駆使した適切な授業と指導を展開し、一層の成長や発達を期待するところです。

一般就労を希望している本生徒が、高次脳機能障害と肢体不自由を併せ有しながらも、自分の将来に夢と希望を持ち歩んでいけるように、特別支援学校の専門性を集結させ、これから生涯にわたり必要な支援等を継続して受けることができるよう、学校教育のあり方を探り続けていきたいと考えています。

●参考文献
全国特別支援学校病弱教育校長会（2008）病気の児童生徒への特別支援教育　病気の子どもの理解のために―高次脳機能障害―
神奈川県立秦野養護学校（2014）小児の高次脳機能障害支援ガイドブック
千葉県千葉リハビリテーションセンター　小・中・高校生のための高次脳機能障害支援ガイド
新平鎮博・山下奈緒美・森山貴史（2015）高次脳機能障害のある児童生徒の教育に関する試行調査―特別支援教育の視点から―　国立特別支援教育総合研究所ジャーナル第4号
池田亜恵子・畠慎智（2009）学齢期の高次脳機能障害の困難・ニーズと支援に関する研究保―護者調査　東京学芸大学紀要　総合教育科学系　60:293-321

Comment

高次脳機能障害のあるこの生徒にとって必要な配慮、手立てや工夫、校内の連携をしっかりと行っています。特に記憶障害がある場合、学習が定着しにくく、本人も学習意欲が減っていくことが多いのですが、本実践ではしっかりと学力をつけ、学習意欲も継続しています。高次機能障害のある児童生徒の指導においてたいへん参考になります。

（川間健之介）

第2部 実践編 ■ 準ずる教育課程

4 生徒が主体的に表現することを目指した創作授業
～音楽科の実践～

山口県立周南総合支援学校　教諭　鷲尾　翔子

●中学部　音楽

Keywords　①創作　②自由な表現　③ワークシートの活用

思考力　★
判断力　★
表現力　★★★

1 実践事例の概要

　本校の準ずる教育課程では、右の図のように障がいや実態の異なる4名の生徒（A君、B君、Cさん、Dさん）が在籍し、全学年合同で音楽の授業を行っています。4名の生徒の実態から、生徒が表現することの喜びを味わい、自信をもって活動することが大切なのではないかと考え、取り組んだ創作活動の実践を紹介します。

生徒の実態

生徒A　病弱単一の3年生。社会不安性（場面緘黙）のある生徒で、頷きや指さしでコミュニケーションをとる。注目されると強い緊張を感じるため、音楽の授業に苦手意識があり、主体的に活動することが難しい。

生徒B　肢体単一の2年生。下肢にまひがある。様々な活動で自信がもてず、音楽でも自身が音痴であると感じており、歌唱など表現に対する苦手意識が強くある。

生徒C　肢体単一の2年生。右腕にまひがある。深呼吸を繰り返すことやリコーダーなどを吹くことに制限があり、歌唱や器楽の活動で配慮が必要である。精神的に不安定になることがあり、言葉が荒れたりネガティブな思考に陥ったりする傾向がある。

生徒D　肢体単一の1年生。骨が弱く骨折しやすい。体調によってはベッドで活動することもあり、身体に負担のかからない活動内容に配慮が必要。1年生で他の生徒と知識や技能に差がある。

2 授業改善のポイント

　題材を創作活動にすることで、生徒が普段の授業で少なからず感じているであろう「答えがあるものに正しく答えなければならない」という緊張感から解放されるのではないかと考えました。そして、緘黙傾向や片まひのある生徒、上肢の大きな動作が難しい生徒も取り組みやすいよう、キーボードを使った簡単な旋律創作の活動を設定しました。心理的・身体的な負担を減らし、生徒が自身の感性を引き出すことのできる自由な表現活動を大切にしました。

3 実践例

(1) 1学期「リズムゲーム」

　2小節のリズムを書き取るリズム聴音です。教員が即興で作ったリズムの書き取りに挑戦したり、みんなで1枚ずつ箱から「音符・休符カード」を選んでリズムを作ったりしました。ゲームのような楽しい雰囲気の中で、聴き取ったリズムを表現することをねらいと

しました。また、交代で生徒を出題者にすることで、友達に分かりやすいリズム作りを工夫することはもちろん、回答する側も一生懸命リズムを聴き取ろうとする姿が見られるようになり、相乗効果でリズムの学習が進みました。書くことが苦手なA君は、ワークシートに書き込むことに意識が向いてしまっていました。そこで、マグネットの教材を使って音符などを貼り付けるようにすると、書くことへの緊張感がなくなり、聴くことに集中して活動できるようになりました。

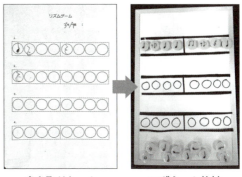

書き取りシート　　マグネット教材

（2）2学期「モチーフから発展させた8小節の曲の創作」

　生徒が親しみやすいベートーヴェンの作品『交響曲第5番　ハ短調』によるモチーフの学習ののち、オリジナルのモチーフを創作し、反復、変化、展開させて曲を完成させる活動を行いました。「作曲は難しそう」という生徒の不安を軽減するため、1学期の「リズムゲーム」を応用するとともに、段階的に取り組めるワークシートを作成しました。このワークシートは、2小節のモチーフができると曲の半分が完成し、残りの部分を「つながるように」「終わるように」「曲を盛り上げるように」という視点で作曲していくことができます。何もない状態から作曲していくことはとても高度ですが、ある程度見通しがもてることで、音楽が苦手な生徒でも考えやイメージを深めながら創作することができました。

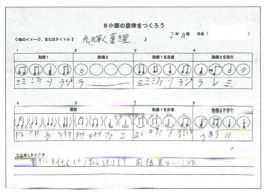

「8小節の旋律をつくろう」ワークシート

❹ 授業改善の成果と課題

（1）緘黙傾向のある生徒Aの変容

　A君は音楽の授業に強い苦手意識をもっていました。歌唱では俯いて楽譜をじっと見つめ、器楽では緊張から手が震えて思うように演奏できず、鑑賞では自分の感想を書くことができない状態だったからです。今回、マグネット教材を活用して「リズムゲーム」を

行ったことで、A君は主体的に音符や休符を選んで表現することができました。そればかりか、A君が聴き取りの過程で正しく拍子を捉えてリズムを聴いていることが分かり、主体的な取組として、しっかり評価することができました。A君自身の授業の振り返りシートにも、初めて「一生懸命学習した」という項目に4（あてはまる）という記入が見られました。主体的に取り組めたことだけでなく、自分の表現したものが評価され、そのことを友達からも称賛されたことで、授業に参加しているという実感につなげることができたのではないかと思います。

（2）2学期の生徒B・生徒Cの取組の変容

最初は「難しそう」「恥ずかしい」と言い、なかなかキーボードで音を出すことができませんでした。しかし、自分の好きな曲からヒントを得てモチーフが決まると、少しずつイメージをもち始め、メロディを口ずさんだり、指でリズムをとったりする様子が見られるようになりました。特にB君は、「ここをちょっとガラッと変えたい。」「音程が下がったら終わる感じがするな。」「ここは暗い感じにして、展開を明るくしたい。」「のばして展開に入るとどうなるかな。」など、自分の考えをつぶやきながらキーボードで音を確かめるようになりました。ワークシートに書き込み、キーボードで弾くということを何度も繰り返すうちに、「もっとこうしたい」という思いが募り、活動が積極的になったようです。キーボードでの活動のため、片まひのあるCさんも支援なしで音を出すことができ、自分の創作に集中できているようでした。

曲名つけの活動に入ったとき、Cさんは日常生活で気持ちが不安定になっている状態でした。黒鍵の音をたくさん組み合わせ、音のつながりに悩みながら一生懸命作曲したにもかかわらず、Cさんが考える曲名は「暗黒」「影」「闇」など、投げやりとも感じられるネガティブな発想になっていました。しかし、ふとした会話の中でB君から楽曲の素敵な部分を見つけてもらい、称賛されたことによって、楽曲本来の良さに気づくことができました。そのことにより、Cさんも友達の曲を聴きたいと主張するようになり、自分が「いいな」と感じた部分を積極的に伝えるようになりました。

（3）課題

 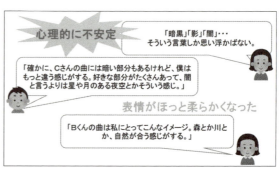

2学期の生徒B・生徒Cの取組の変容

今後は、一人一人の自由な表現を発展させ、みんなで一つの曲を創作する授業を行いたいと思います。また、実態に合わせてワークシートを少しずつ楽譜に近づけ、より音楽的な視野を広げた創作活動ができるよう工夫していきたいと考えています。

❺ まとめ

　創作の指導を通して、旋律を作曲するということが、他の音楽表現とはまた違った自己表現ができる手段であると感じるようになりました。生徒が普段見せない内面の感情が、選ぶ音や高さ、つながり方に反映されていたように思います。暗い曲名ばかり考えていたＣさんが柔らかい表情に変わり主体的に活動に参加できたのも、無意識に自身を反映する曲の明るい面を捉えられたことで肯定的な気持ちになれたからではないかと思います。大切に作った作品を他者から評価されることで自己肯定感が高まり、そのことで相手の作品も肯定的に捉えることができるようになっていく姿がとても印象的でした。3学期には、「また作曲がしたい。」「みんなの前で発表したい。」という前向きな声を聞くことができ、さらに歌唱練習にも変化が現れました。卒業式で歌う『旅立ちの日に』の練習では、それまでの消極的な姿勢とは違い、主体的にもっとこうしたいという思いを発言したり、大きな声で歌おうと工夫したりする姿が見られるようになりました。創作の活動がきっかけとなり、他の音楽表現への主体性にもつながっていったのではないかと思います。今後も、生徒の可能性を信じて共に学び続けていきたいと思います。

【創作授業のよさ】

（1）身体的な視点から
・ 必要な道具や楽器が少なく、肢体不自由の生徒があまり負担を感じずに活動することができる。
・ 障害から、大きな声で歌うこと、身体を大きく動かすことができない生徒でも、表現することを楽しむことができる。

（2）心理的な視点から
・ 間違えてはいけないという意識から解放され、自由に表現することができる。
・ 普段表に出すことのない感情や自分の理想などを曲に反映させることができる。
・ 作品を評価し合うことで、互いを認め合うことに繋がり、自信をもつことができる。

【1年間のまとめ】

表現することが苦手な生徒達。どのように感じているのかわからない。自信をもってほしい・・・

生徒Aの音楽の聴きとり方がわかり、評価したことで生徒Aが自信をもてた。

自分の中でイメージをもって、苦手意識をもたずに自由に表現してほしい。

自分がよいと思うものを追及し、他者と認め合いながら活動することで、自信をもって主体的に取り組み始めた。

自分の作った旋律に自信をもって、表現・身体的困難以上に、もっと表現したいという気持ちに繋げてほしい。

「また作曲がしたい。」「みんなの前で発表したい。」表現することに前向きな姿勢が見られるようになった。

● 参考文献
西園芳信（2009）中学校音楽科の授業と学力育成　廣済堂あかつき
石澤眞紀夫（2011）音楽科教育法　教育芸術社

Comment
　生徒が表したい思いや意図をもち、それを実現するために必要な知識及び技能を習得することの必要性を実感できるように、指導方法等を工夫した事例です。今後、準ずる教育課程において、学年が異なる同集団で異目標の学習活動の組み立て方や学習評価の在り方についてカリキュラム・マネジメントの実現の視点から発信してほしいです。
　　　　　　　　　　　　　　　　　　　　　　　　　　　　　　　　　（分藤賢之）

第2部　実践編　■　準ずる教育課程

5　自立活動との関連を踏まえた指導の工夫
〜美術Ⅰ「動物を作る―アッサンブラージュによる造形―」の実践〜

宮城県立船岡支援学校　教諭　伊藤　真理子

●高等部　美術

Keywords　①各教科等における自立活動の指導
②コミュニケーションの指導
③自己評価・自己理解　　④環境の調整

思考力　★★
判断力　★★
表現力　★★★

1　実践事例の概要

　対象学級である第2学年の生徒は3名で、それぞれ両下肢又は両上下肢に障害を有しています。障害が美術の制作活動に与える影響として、上肢の可動域に制限があるために自分の意図する動作ができず、繊細な作業や力を要する作業が困難であることなどが挙げられます。また、生徒全般にコミュニケーションの苦手さが認められ、これは美術科だけではなく、日常生活全般においても課題となっています。

　このような実態を踏まえ、共同で行う造形活動に取り組むことにしました。お互いの意図を伝え合い理解し合うこと、自分が困難な作業について支援を依頼し協力し合うことなど、制作の過程において状況に応じたコミュニケーションの指導を効果的に行えると考えたからです。

　本実践で取り組んだ「アッサンブラージュ」とは、寄せ集めや組み合わせを意味し、廃材等を含む様々な素材を使って立体作品をつくる技法です。生徒が感性や想像力を働かせ、素材を生かして創意工夫しながら表現する学習活動に、非常に適していると考えました。

2　授業改善のポイント

(1) 的確な実態把握に基づく目標の設定

　肢体不自由がもたらす心理面への影響として、生活経験の不足から自己評価が低く自分への自信のなさが認められます。まずは、生徒が自分でできること、努力によって克服できること、支援（の依頼）が必要なことを、明確にする必要があると考えます。本校では、自立活動チェック表（6区分26項目の指導状況の評価）を活用し、ＴＴ（ティーム・ティーチング）で話し合い、実態の的確な把握に努めていきます。それをもとに、生徒に対して自己の課題への気づきを促し、学習の目標を教師と生徒が共有するようにしています。

5　自立活動との関連を踏まえた指導の工夫

表1　本実践における自立活動（「コミュニケーション」「人間関係の形成」）の個別目標

生徒A（男）	生徒B（女）	生徒C（女）
・必要なことを必要なときに、周囲へ適切に依頼することができる。 ・自信や意欲をもって、積極的に活動することができる。	・自分の考えを整理し、相手に分かりやすく話すことができる。 ・相手の言動を正しく理解し、適切な受け答えができる。	・相手に対して思いやりをもって話すことや、友好的な態度で接することができる。

（2）適切な支援を行うための４つの視点

　実態を踏まえ目標の達成に向けて適切な支援を行うために、本校では環境の調整を基盤として考えます。環境を「人」「物」「空間」「時間」の４つの視点から捉え、調整を図る（支援する）手立てを講じています。

表2　本実践における「コミュニケーション」「人間関係の形成」への支援の手立て

視　点	支　援　の　手　立　て
人的環境	・課題や目標について、生徒と教師間及び生徒相互の共通理解を図って学習を進める。 ・的確な指示や説明により、学習内容を理解し、積極的に取り組めるようにする。 ・一人一人の理解と発言の状況を把握し、必要に応じて解説、助言、励まし等の言葉をかけ、積極的なコミュニケーションを促す。
物的環境	・「制作シート」を用いて、課題や目標について毎時間自己評価を行い、意識化を図る。 ・視覚に訴える板書や学習シートを工夫することにより、活動内容や制作手順等が具体的にイメージでき、見通しをもって取り組めるようにする。
空間的環境	・制作に必要十分なスペース及び移動時の安全な動線を確保する。 ・一人一人の身体機能を考慮した活動しやすい場の設定、参照しやすい視覚的資料の配置、制作時に材料や用具の見やすい配置等を工夫する。
時間的環境	・制作時間を確保するため、学習シートの記入や片付け等の時間を、状況に応じて変更したり短縮したりする。

③　実践例

第1次 課題の把握と鑑賞・観察：6単位時間

　ア）活動の概要とねらいを知る。　イ）作品を鑑賞する。　ウ）材料を見る・触る。

　エ）共同制作における目標（個人／全体）を話し合う。

人的環境	・美術科及び自立活動の学習内容から、自分の課題と目標を考えさせました。その際、これまでの学習や生活の振り返りを基に、共同制作をする上で必要なことや自分にできることは何かを話し合わせました。それを「制作シート」に記入し、毎時間振り返りを行うことにより、常に意識して取り組めるようにしました。

「制作シート」（生徒B：一部抜粋）

感　想	今日はみんなで流木を並べました。コミュニケーションをとりながら作業をするのは大変でした。				
自己評価	・必要に応じて自分から、友達や先生に相談や補助の依頼ができた。	⌒	⌒	◯	
	・友達と協力しながら試行錯誤して活動し、自分らしい表現ができた。	◎	◯	⊖	―

　オ）動物の映像や写真を見て、作りたい動物を決める。

物的環境	・思いや感じたことを言葉で適切に表せるよう、「ＡＲＴワード」を作成し配付しました。 ・作品や映像、写真の鑑賞では、感想記入シートに「動き／形体／生態／印象」など具体的な観点を示し、見るべきポイントを捉えやすくしました。	**ＡＲＴワード** 色々な言葉を使って美術に関する自分の思いを表現しましょう。 制作や鑑賞ではイメージや印象、色、形、感触などに注目してみましょう。 例えば以下のような言葉があります。 ★イメージや印象★ 美しい　新しい　明るい　鮮やか　かわいい　かっこいい 清い　古い　暗い たくましい　存在感がある　迫力がある　力強い よわよわしい　もろい　はかない

図1　「ＡＲＴワード」（一部抜粋）

第2部　実践編　■　準ずる教育課程

|第2次| 制作1：7単位時間

ア）写真資料を集め、作りたいポーズの写真をトレースする。

| 物的環境 | ・トレーシングペーパーの使い方を、イラストと文章を組み合わせて示しました。理解が難しい生徒がおり、さらに教師がやり方を示範して見せました。 |

イ）アッサンブラージュの作品例を再度鑑賞し、材料の特徴や組み合わせの効果について確認する。

| 物的環境 | ・トレース画を基に材料を並べるイメージが湧くよう、馬を例にイラストと写真で示しました。 |

ウ）拡大したトレース画の上に流木を並べる。

| 空間的環境 | ・材料は教室後方に並べて置き、自力歩行の生徒が材料を選んで運搬していました。しかし、制作の効率化を図ることと、車いすの生徒も材料選びができるようにするため、途中から作業台のすぐそばの台に置くよう変更しました。 |

図2　黒板に示した図と写真

図3　流木の並べ方を試行錯誤しながら話し合う生徒

|第3次| 制作2：10単位時間

ア）材料を平面に並べた際の記録写真を基に、パーツごとに立体として組み立てる。

イ）組み立てたパーツを組み合わせて全体の形を作る。

ウ）必要に応じて他の素材を加えて作品に変化を与える。

| 人的環境 | ・自分たちだけでは難しい大きな力を要する作業や危険な作業は、教師に支援を依頼するよう促し、適切な依頼の仕方を助言しました。 |

|第4次| 制作のまとめ、反省：1単位時間

ア）作品や制作過程について振り返り、感想を記入する。

| 物的環境 | ・作品の出来栄えだけではなく、活動の始めに立てた目標（個人／全体）を意識しながら制作に取り組むことができたかを確認しました。 |

図4　完成した作品「遠吠え」

❹ 授業改善の結果

（1）授業の成果・生徒の変容

①自己の課題や目標を意識して学習に取り組む姿

　本実践を通して、「コミュニケーション」や「人間関係の形成」における自己の課題を徐々に克服しながら、目標の達成に向かう生徒の姿がありました。毎時間繰り返し行った「制作シート」による課題と目標の確認及び自己評価の記入が、成果を上げたと考えます。「コミュニケーションをとりながら制作するのは大変だと思った。」「前回よりもコミュニケーションがよくとれ、制作がスムーズに進んだので、次回も頑張りたい。」という記述や、「（教員や友達に依頼することで）自分には使えないと思っていた道具を使用できるようになった。」という発言などから、自己の課題や目標への意識が高まったことが見て取れました。

また、「制作シート」への記述を毎時間発表し合うことにより、自己理解だけではなく生徒相互の理解も深まり、人間関係の形成に効果があったと考えます。

②**物的環境の調整における視覚的な支援の効果**

イラストや写真を使って制作の手順やポイントなどを説明（黒板への掲示、学習シートの配布）したことで、生徒が自分で見て理解したり、確認して活動したりする様子が見られました。教師に頼らず自分たちで活動を進めていく様子が見られ、「自分の力でできた」という達成感を感じていました。

（2）改善点

①**コミュニケーションの苦手さへの支援**

初めて取り組む活動の際に、著しく発言が減少する生徒が見られました。分からないことや自信のないことがあったときに、その意思表示ができるよう「ヘルプカード」などを準備することが必要だと考えました。

②**教科の指導内容に関する段階的・系統的な指導計画**

平面で練った構図を基に立体を組み立てていく過程は、生徒にとって非常に難しく、予想以上に長い時間を費やしました。そこで、対象をより単純な形（三角すいや立方体など）やその組み合わせに見立て、単純化して構想を進める方法を急きょ取り入れました。平面から立体への変換をスムーズに行うためには、あらかじめデッサンなどにより対象物の構造をつかむ練習が必要であったと考えます。

❺ まとめ

本実践を通じて、教科のねらいの達成に迫りながら、自立活動における課題を改善・克服していくためには、常に両者を意識して支援や指導をバランスよく行っていくことが大切であり、また、生徒の反応や取組の状況に応じて、支援を工夫改善し続けていくこと、指導の内容や計画を微調整していくことが必要であると考えました。生徒は、試行錯誤しながら苦手なことにも積極的に挑戦し「自分にもできた」という達成感を味わうことができました。作品が、宮城県高校美術展において優秀賞を受賞したことも、生徒の大きな自信につながりました。これからも、肢体不自由教育及び教科の専門性を高めながら、生徒が「できた」という自信や喜びを味わえるような授業づくりに努めていきたいと考えています。

> **Comment**
> 本事例は、各教科と自立活動の指導内容との関連を図り、両者が補い合って、効果的な指導を行うことについて提言しています。今後、「⑤まとめ」に示していますが、「常に両者を意識して支援や指導をバランスよく行う」ことについて、事例6や事例23などの実践と連携するなどして研究を深めてほしい。
> 　　　　　　　　　　　　　　　　　　　　　　　　　　　　　　　　（分藤賢之）

第2部　実践編　■　知的代替の教育課程

知的障害を併せ有する児童への教科に基づく指導
～国語科の実践～

筑波大学附属桐が丘特別支援学校　教諭　田丸　秋穂

●小学部　国語

Keywords　①桐が丘L字型構造による授業づくり
②教科の系統性に基づく指導　③指導目標の重点化

思考力　★★
判断力　★
表現力　★★

1 実践事例の概要

　本校では、知的障害を併せ有する肢体不自由児に対して、教科の目標及び内容の系統性（縦軸）と個の実態からとらえた指導目標（横軸）の2つの軸からなる桐が丘L字型構造を視点に実践研究を重ねています。これにより、各教科における指導目標が明確になり、系統的な指導の積み重ねにつながると考えています。

　本実践では、個別の指導計画において、指導課題として「伝えたいことや思いが伝えられるようにする」ことを挙げた児童に対して、本校で作成した内容系統表等を活用した国語科の実践を紹介します。

2 授業改善のポイント

（1）児童の実態把握と指導課題等の設定

　個別の指導計画の作成において、事例児童の行動や障害特性等を「課題関連図（図1）」で整理、検討し、今年度の指導課題（指導の方向性）、指導上の手立てと配慮、自立活動の指導目標を設定しました。

（2）国語科における内容系統表、指導内容表、国語科チェックリスト

　国語科内容系統表は、小学校学習指導要領、幼稚園教育要領、保育所保

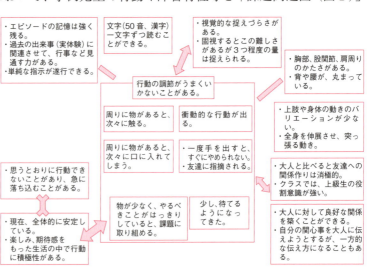

図1　課題関連図（事例児童）

育指針、特別支援学校学習指導要領を基に教科及び領域に示される内容を整理し、概ね3歳程度から小学校第2学年までの内容を系統的にまとめたものです。

国語科指導内容表は前述の内容系統表を基に、言語に関する発達検査、知的障害のある児童生徒に対する教育を行う特別支援学校の国語科の具体的な内容例等を参考に、知的障害を併せ有する肢体不自由児に対する障害特性を考慮してまとめたものです。

国語科チェックリストは、学習の診断的評価及び総括的評価を目的として指導内容表を基に作成したものです。話すこと・聞くこと、読むこと、書くことの領域ごとのチェック項目とチェック項目の一覧表を使用しました。

(3) 国語科の年間指導計画の作成

国語科の年間指導計画作成にあたって、当校でおさえているL字型構造（図2）の考え方によって、縦軸にあたる教科の系統からの情報（指導内容系統表、指導内容表）、横軸にあたる個の実態から得られる情報（中心的な課題、自立活動の目標、学習上の手立て・配慮）を互いに行き来して（チェックリストの実施）、指導目標・指導内容を具体化していきました。

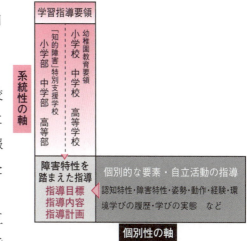

図2　L字型構造

❸ 実践例

(1) 事例について

対象は、小学部5年生（脳性まひ、知的障害）の児童です。国語科、算数科など教科に基づく指導と合わせた指導等を設定しています。本学級には、他に1年生、2年生、4年生の児童が在籍しており、本児は最高学年のお兄さんという意識をもって生活していました。日常的な会話ができますが、話題が前後したり、違う話題に移ってしまったりすることがよくありました。

課題関連図（図1）の検討から、個別の指導計画において本児の指導課題、自立活動の目標等を表1のように設定しました。

表1　指導課題、自立活動の目標、学習上の手立て・配慮

指導課題 (指導の方向性)	発展的な課題	情緒の安定　伝えたいことや思いが伝えられるようにする　活動の深まり
	中心的な課題	情報を整理・判断し、行動をコントロールできるようにする　その場に応じた適切な身体の使い方ができるようにする
自立活動の目標		・身体への注目を促し、ゆっくり身体を動かせるようにする ・色や形を見分けて分類できるようにする ・縦、横、斜めの直線を見本どおりに再現する
学習上の手立て・配慮		・活動の見通しがもちやすくなるようにし、手続きをシンプルに示す ・使う教材を整理し、必要なものだけが視野に入るようにする ・必要に応じて、手を取りながら動きを確認する

（2）国語科の指導目標・指導内容の整理

①チェックリストから

　チェックリストで国語科の視点からの実態を確認し、△や×がついた項目が、なぜそうなっているのかを課題関連図の情報を照らし合わせながら検討しました。書字・運筆については上肢および視覚認知の困難さの影響が大きいと考えました。また、発達検査実施時の観察から、図版の見取りの際、視覚的な情報の捉

図3　チェックリストの一覧（事例児童）

えにくさから状況全体の理解のしにくさもあることが予想され、書字以外の場面でも配慮していく必要性を感じました。

　日常場面では、感情豊かに表現することができる反面、話したいことが複数あると混乱してうまく伝えることができないことがありました。この点について、言葉同士のまとまり、つながりについて丁寧に指導していく必要があると確認できました。

②国語科の指導目標

　指導内容表と照らしながら、国語科から見た現状と中心的な課題等から、国語科の指導においても「伝えたいことを適切に伝えられる」ことを目指したいと考え、目標を次のように設定しました。

・ひらがなやカタカナで書かれた数文で構成される文章や簡単な指示や会話を聞き取ったりして、短い読み物を楽しんだり、自分の予定や行動を理解できるようにする。

・言葉を手がかりとして、考えや気持ちを整理したり、順番を整理したりすることができるようにする。

・自分自身や身近な事柄を分かりやすい適切な言葉や文字で伝えられるようにする。

③年間指導計画

　国語科の年間指導計画は、昨年度の担当者からの引き継ぎ資料や国語科の特性などを考

表2　国語科の指導方針

指導方針	①児童同士のかかわりあいによる育ちあいを意図した4人の集団での学習と個々の学習ペースや課題を重視した個別の学習の時間を設ける。②題材の選択においては、児童が活動の内容をイメージしやすくなるよう、季節や行事、他の授業とも関連するテーマを意識して設定する。また、絵本や詩の題材は、児童の年齢差や能力差を考慮し、単純な内容から、簡単なストーリーのあるものなどを交互に取り入れるようにする。

表3　年間指導計画

	4	5	6	7	8	9	10	11	12	1	2	3
年間を通じて行う課題	絵本の読みきかせ　詩の朗読　　　　　　　学級全体：いろいろな言葉や表現に触れるようにする											
季節や行事と関連した課題	読む、書く、話す、言葉・簡単なお話の読み・行事のことを知らせよう・なぞなぞ・いろいろな言葉、　場面にあった言葉　　　グループ（2人）：身近な出来事や気持ちを言語化（言葉、文）にする											

50

慮して、学級単位での活動も取り入れるなど、国語科の指導方針（表2）を立て、年間指導計画を作成しました（表3）。

❹ 授業改善の成果と課題

　本実践では、チェックリストを活用して、生活全体で見られる実態を国語科の系統性の中で捉え直し、指導の重点化を行いました。写真を手がかりに1年間の行事を簡単な文にまとめ、自分の一番楽しかった行事を選んで発表するという単元の学習では、友達から「どこでやりましたか？」と質問をされて「…場所だね。○○でやりました。」というように、自分で作った文の中から問われたことを取り出し、自信をもって発表する姿が見られました。生活の中でも、伝えたい出来事があるときに、教師にすべてを代弁してもらうのではなく、「いつ」「どこ」などの言葉かけを受けて、自分なりに工夫して伝えようとすることが見られるようになりました。

　教科の系統性と個別性の2つの軸で児童の実態を捉えたことは、教員間で共有した学習に必要な手立て・配慮について、国語にとどまらず他の指導場面での言葉かけや配慮などと結びつけてかかわることにも広がりました。

　指導内容表やチェックリストを生かすためには、教員自身が教科の系統性を理解していくことが重要でした。また、児童一人一人が国語科で学習したことについて、他の場面でも生かせるような仕掛けを他の学習場面や生活場面につなげて計画していくことも重要であると感じました。

❺ まとめ

　事例の児童について、指導内容表とチェックリストの結果を引き継ぎ資料として複数年活用してきました。国語科における実態の変化を複数年の経過の中で捉え、その年の重点を決めたり、翌年に引き継ぐポイントを明確にしたりすることができました。1年だけでは変化は見えにくい子どもたちですが、国語科での学習を通して、「言葉で考える」ことや「言葉で伝えられる」ことの良さをじっくりと身に付け、生活を豊かにできるような指導を目指していくことが大切だと考えます。

●参考文献
筑波大学附属桐が丘特別支援学校（2016）平成26・27年度文部科学省特別支援教育に関する実践研究充実事業研究成果報告書（研究紀要第51巻）

> **Comment**
>
> 　当校のL字型構造に関する実践研究は、肢体不自由教育校に対する教科研究の刺激となっています。特に、今回の事例では、「課題関連図（図1）」と「L字型構造（図2）」との関係性が分かりやすく整理されていました。今後、知的障害のある児童生徒のための各教科における学習評価に関する研究発信に努めてほしいです。
> 　　　　　　　　　　　　　　　　　　　　　　　　　　　　　　　　　　　　（分藤賢之）

7 重複障がい学級における実態差のある児童の生活単元学習の在り方
～根拠のある生活単元学習の展開を目指して～

宮崎県立延岡しろやま支援学校　教諭　壹岐　俊介

●小学部（重複障がい学級）　生活単元学習

Keywords　①各教科の実態把握　②児童の役割分担　③繰り返しの活動　④活動目標と各教科の目標

思考力 ★★
判断力 ★★
表現力 ★

1　実践事例の概要

　生活単元学習は、特別支援学校学習指導要領解説において「広範囲に各教科の内容が扱われる」とされています。また、考慮事項として、「個人差の大きい集団にも適合するものであること」や「集団全体で単元の活動に共同して取り組めるものであること」などが挙げられています。しかし、実際には各教科等の視点が明確でなかったり、実態差への対応が難しかったりするのが現状です。

　そこで、本研究では、「各教科の具体的内容表（全国特別支援学校知的障害教育校長会編著）」を活用し、生活単元学習における各教科等の視点を踏まえた実態把握や目標設定の在り方を検討しています。さらに、児童が「役割分担」して活動に取り組むことや、「活動に繰り返し取り組む」ことで実態差に対応することができると考え、生活単元学習の単元設定や授業の展開を考えました。

2　授業改善のポイント

①「各教科の具体的内容表」に基づく実態把握
②授業の展開における、児童の「役割分担」と「繰り返しの活動」
③生活単元学習で扱う「各教科の目標」の設定と評価

3　実践例

（1）児童の実態

　本校は、知的障がい教育部門、肢体不自由教育部門、聴覚障がい教育部門を設置する特別支援学校です。本学級は、肢体不自由教育部門小学部第5学年の重複障がい学級であり、女子1名（A児）、男子2名（B児、C児）の計3名の学級です。A児は視覚障害も併せ有しています（表1）。

表1　児童の実態

A児	B児	C児
〈障害名等〉 ・脳性まひ ・バギー使用 〈学習面〉 ・視覚障害や認知面の低さから、状況の理解が難しい。活動中に不快を訴えることがある。 ・興味・関心のある教材を使用し、短時間の活動を設定することで活動に参加できる。 〈コミュニケーション〉 ・声や表情で気持ちを表現することができる。 ・「立って」「座って」など一部の簡単な指示に応じることができる。	〈障害名等〉 ・脳性まひ ・独歩 〈学習面〉 ・場面や状況によって、活動に抵抗を示すことがある。 ・興味・関心のある活動であれば、意欲的に活動する姿がみられる。 〈コミュニケーション〉 ・言葉が豊富であり、言語によるある程度のコミュニケーションが可能である。 ・場面や状況によって、行動や態度が変わりやすい。	〈障害名等〉 ・脳性まひ ・車いす使用 〈学習面〉 ・下肢及び右上肢にまひがある。何事にも意欲的に取り組むことができる。 ・文字やかずなどの理解がある程度できる。 〈コミュニケーション〉 ・言葉は不明瞭で伝わりにくいものの、手話やジェスチャーを併用して伝えようとする。

（2）各教科の実態把握と目標設定

　「各教科の具体的内容表」（表2）をもとに、児童の各教科の実態把握と目標設定を行いました。現時点でできている各教科の内容を、児童一人一人の「実態」として確認しました。さらに、今現在できていることから先の、「できそう」もしくは「できてほしい」ことを、「各教科の目標」として整理しました（表3）。

表2　国語科（聞く・話す）の一部

小学部			中学部
1段階	2段階	3段階	段階
(1)　【聞く・話す】			
1　声や音のする方に、振り向いたり、耳を傾けたりする。	1　教室などで、話をする人の方を見て、聞く。	1　話を終わりまで静かに聞く。	1　教師などの説明や友達の話などを聞いて、おおよその内容がわかる。
2　教師の話しかけ	2　友達からの働き	2　物語などを聞	2　物語、劇、映画、	1

表3　A児の国語科（聞く・話す）の例

教科	観点	実態	各教科の目標
国語	聞く・話す	声や音のするほうに、振り向いたり、耳を傾けたりする。〔1段階1〕 身振りや音に対して反応を示す。〔1段階8〕 自分の名前を呼ばれたら、振り向いたり、返事をしたりする。〔1段階10〕 要求があると、身振りや声を出して注意をひく。〔1段階13〕	教師の話しかけに表情や身振りで応じる。〔1段階2〕 立つ、腰かける、集まる、歩くなど簡単な指示がわかる。〔1段階6〕

（3）実態差のある児童の生活単元学習の展開の工夫

①単元の設定（「秋の果物ジュースをふるまおう」）

　「ジュースを作る」ことを中心とした活動的な内容を設定しました（図1）。その際、実際に果物を使用しました。この活動は、児童の興味・関心が高く、触覚や味覚などの五感に訴えることができるなど、多様な学びが

図1　単元計画

〇	「秋の果物ジュースをふるまおう」・・・・全10時間
(1)	「秋の果物を知ろう」・・・・・・・・・1時間
(2)	「秋の果物ジュースを作ってみよう」・・・2時間
(3)	「お客さんにふるまう計画を立てよう」・・1時間
(4)	「チラシを配ろう」・・・・・・・・・・1時間
(5)	「ジュース作りの練習をしよう」・・・・・2時間
(6)	「会場の準備をしよう」・・・・・・・・1時間
(7)	「お客さんにふるまおう」・・・・・・・2時間

期待できると考えています。また、児童の生活にも密接な結び付きのある題材だと考えます。

②単元の各教科の目標

　生活単元学習では、活動目標とともに教科の目標を設定し、評価することが重要であると考えます（表4）。小単元ごとの各教科の目標を設定することで、小単元の中の各教科

の目標が明確になり、単元の活動目標と合わせて各教科の目標の評価をすることができます。

③展開の工夫

ア）「役割分担」について

児童の得意なことや好きなこと、課題となることなどに十分に取り組めるように、役割分担をして活動するようにしました（表5）。そうすることで、児童一人一人の目標に焦点を当てることができ、「ジュースを作る」という一つの目標に向かえ、集団で協力して取り組むことができると考えます。

表4　小単元ごとの各教科の目標の一部例

単元と主な学習活動	各教科の目標		
	A児	B児	C児
単元「秋の果物ジュースをふるまおう」 (7)「お客さんにふるまおう」 ・役割を確認し（注文を取る人、材料を入れる人、ミキサーを回す人など）、ジュースを作ってお客さんに渡す。	・教師と一緒に手伝いや仕事で使用した道具などの後片付けをする。 生活（手伝い・仕事1段階5） ・教師の話しかけに表情や身振りで応じる。 国語（聞く・話す1段階2） ・具体物を指したり、つかもうとする。また目の前で隠されたものを探す。 算数（数量の基礎1段階1）	・簡単な掃除をする。 生活（手伝い・仕事2段階6） ・教師などの簡単な指示や説明を聞いて、できるだけそのとおり行動する。 ・教師や友達に話し掛けたり、働き掛けたりする。 国語（聞く・話す2段階6、2段階9） ・具体物を指したり、つかもうとする。また目の前で隠されたものを探す。 算数（数量の基礎1段階1）	・自分から調理や製作などの様々な手伝いをする。 生活（手伝い・仕事3段階1） ・要望などを言葉で訴える。 ・促音、長音等の含まれた語句や短い文を正しく、読む。 国語（聞く・話す2段階12、読む3段階5） ・関連の深い一対のものや絵カードを組み合わせる。 ・身近な生活の中で使われている○×などの表が分かり、記入する。 算数（数量の基礎1段階6、図形・数量関係2段階3）

表5　児童の役割分担の内容

A児	・ミキサーにつないだビッグスイッチを押し、ジュースを作る。
B児	・C児の指示を聞いて果物を選び、ミキサーに入れる。空になった容器をゴミ箱に捨てる。
C児	・ヒントカードの文章を読みながらお客さんの注文を聞き取り、注文票に印をつけてB児に材料を伝える。

イ）「繰り返しの活動」について

「ジュースを作る」活動については、数時間同じ内容に取り組むようにしました。このことにより、児童自身が見通しをもって活動に取り組みやすくなるとともに、学習内容の定着も確実なものになると考えられます（図2）。

＜A児＞
長時間の授業への参加が難しいものの、教師の言葉かけに応じてスイッチ操作を頑張る姿が見られた。

＜B児＞
活動を繰り返すうちに、C児の指示で材料を選び、流れを覚えて動けるようになってきた。

＜C児＞
ヒントカードを頼りにお客さんの注文を聞き取り、B児に材料を伝えることができるようになった。

図2　児童の活動の様子

「役割分担」と「繰り返しの活動」の工夫をすることで、児童が自ら活動に取り組む場面が増えてきました。活動の流れを覚えてくると、教員からの指示を減らしても自分で考えて行動する場面が見られるようになってきました。

（4）評価について

評価については、①単元の活動目標に対する評価、②教科の目標に対する評価の2つの視点で評価をすることができました（表6、表7）。

表6　C児の単元の活動目標に対する評価

評価内容	評価
○　ヒントカードを頼りに、お客さんから注文をとることができたか。	◎
○　活動に見通しをもち、注文を聞いてプリントに記入したり、友達に材料の指示をだしたりすることができたか。	◎

（◎：認められた　○：やや認められた　△：認められなかった）

表7　C児の教科の目標に対する評価

教科	評価内容	評価	特記事項
生活	○　自分から調理や製作などの様々な手伝いをする。	◎	
国語	○　要望などを言葉で訴える。	◎	
	○　促音、長音等の含まれた語句や短い文を正しく読む。	○	概ね拾い読みができた。「まっててください」の促音を含む文は難しかったようで、流暢に読むことにも課題が残った。
算数	○　関連の深い一対ものや絵カードを組み合わせる。	◎	
	○　身近な生活の中で使われている○×などの表が分かり記入する。	○	丸印については、使い方が分かったようである。バツ印は今回取り扱っていない。

（◎：認められた　○：やや認められた　△：認められなかった）

❹　授業改善の成果と課題

　単元の各教科の目標が明確になり、単元を通して押さえるべき児童一人一人の各教科の目標を把握することができたり、活動を「役割分担」することで個別の各教科の目標を設定したりすることができました。また、「繰り返しの活動」をすることで、児童自身が活動に見通しをもち、学習の中で身に付けた力の定着を図ることができたりしました。

　課題としては、より細かな教科の目標設定の方法と、学習の積み重ねの方法の検討が必要です。また、障害の状態によっては、介助を受けながら目標を達成する児童もいます。目標を達成するための介助の内容や方法を合わせて検討する必要があります。

❺　まとめ

　本実践により、各教科の視点を明確にした目標設定や評価ができ、実態差に対応した授業の展開ができたため、根拠のある生活単元学習の展開に近づくことができたと考えています。より細かな実態把握と目標設定の方法や学習の積み重ねに関しては、年間指導計画との関連も整理しなければなりません。今後も実践を重ね、生活単元学習の在り方について検討を続け、学習の充実を図っていきたいと考えます。

●参考文献
全国特別支援学校知的障害教育校長会編著（2010）新しい教育課程と学習活動Q＆A特別支援教育〔知的障害教育〕　東洋館出版社
千葉大学教育学部附属特別支援学校（2009）生活単元学習・作業学習の進め方Q＆A　ケーアンドエイチ
宮崎県教育委員会特別支援教育室　特別支援学校教育課程編成資料Q＆A
飯野順子　授業づくり研究会I＆M編著（2016）障害の思い子どもの授業づくりPart6
小出進編・千葉大学教育学部附属養護学校編著（1981）実践　生活単元学習　学習研究社

Comment

　本実践のように、各教科の実態を把握し、単元の中で各教科の目標の位置付けを明確にしている点は、多くの先生方に参考にしていただきたい視点の一つです。新学習指導要領では、知的障害特別支援学校の各教科においても３つの資質・能力で目標・内容が整理され、学習評価も３観点で行われることが求められますので、さらなる実践研究に期待します。　　　　　　（北川貴章）

第2部　実践編　■　知的代替の教育課程

8 小学部低学年における自己理解を促す指導
～気づきから自信へ～

茨城県立水戸特別支援学校　教諭　大槻　美紀

●小学部　自立活動、教科学習（国語・算数）

Keywords　①「できた」という気づき
②成就感から自信へ　③自己理解

思考力　★★
判断力　★★
表現力　★

1　実践事例の概要

　特別支援学校学習指導要領解説自立活動編（平成21年6月）に、「障害のある幼児児童生徒は、経験が少ないことや課題に取り組んでもできなかった経験などから自己に肯定的な感情をもつことができない状態に陥っている場合がある。その結果、活動が消極的になったり、自暴自棄になったりすることがあるので、早期から成就感を味わうことができるような活動を設定するとともに、自己を肯定的にとらえる感情を高められるような指導内容を検討することが重要である」と示されています。

　本事例の対象児は、知的障害を伴う脳性まひの小学部1年生の女児A（以下、Aさん）です。幼児期には地域の保育所に通い友達と一緒に過ごしたり、休日には家族と出かけたりするなど、様々な経験を重ねてきました。一方で、独歩で生活をしていますが、集団から一人行動が遅れてしまったり、周囲の友達や兄弟と同じように活動ができなかったりすることもありました。そのような経験から、「自分はできない」と消極的になり、自分で取り組む前に教師に依頼をしたり、指示待ちになってしまったりする姿が多く見られました。そこで、Aさん自身が「できた」と気づくことで、一つでも多くのことに自信をもって取り組めるようになってほしいと考えました。本事例では、Aさんの自己肯定感を高めるために、「できた」ということを実感できる指導の工夫を行いました。Aさんが今後、居住地域で自立した生活を送るため、自分にできることと依頼が必要なことを判断できるように、自己理解を促すために取り組んだ実践報告です。

2　授業改善のポイント

　Aさんが「できた」を実感し、自信をもって何事にも取り組めるようになるには、自身の障害を理解し、「自分にもできることがある」ということに気づくことが必要であると考えました。そこで、小島・片岡（2014）が「自己理解の支援の段階表」の中で示している図1の自己理解の支援の段階表をもとに、指導に取り組みました。

Aさんの実態を踏まえると、段階1「感覚を通しての自己への気づき」、段階2「自分の良さへの気づき」への支援が必要であると考えることができました。そこで、これまで行ってきた自立活動、国語や算数の教科学習の中に、これらの支援を取り入れる場面を設定し、指導を行いました。

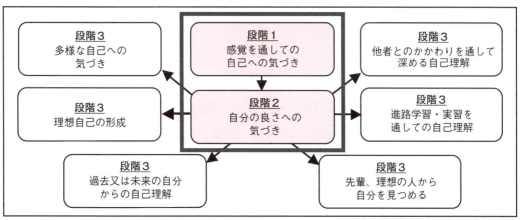

図1　自己理解の支援の段階表

小島・片岡（2014）をもとに作成

❸ 実践例

（1）【段階1】感覚を通しての自己への気づき〜自立活動における取組〜

歩行の際、つま先に力が入ってしまうため、前傾姿勢になりバランスを崩す姿が多く見られました。そこで、つま先から踵までしっかりと足裏全体を地面につける活動に取り組み、より安定した歩行を目指しました。足裏をつけることで感覚に訴えかけ、「できた」ということを実感できるよう指導に取り組みました。

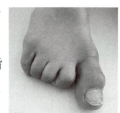

Aさんのつま先

【活動①】いすからの立ち上がり

いすに座り、気泡緩衝材（梱包材）上に足裏全体をつける活動を行いました。気泡の凹凸が足裏に当たることで、足裏全体が地面についていることを実感できるようにしました。

寒い時期には、気泡緩衝材ではなく電気マットを使用しました。足裏で温かさを感じることができるようにすることで、足裏全体をつけようとする気持ちや動きを引き出すようにしました。

気泡緩衝材

電気マット

【活動②】歩行練習

歩行練習の際には、滑り止めで作った足形を、対象児の歩幅に合わせて地面に示しました。滑り止めのでこぼこした感触を意識しながら、足形に合わせて足裏全体をつけるようにしました。

足形

（2）【段階2】自分の良さへの気づき〜教科学習における取組〜

教科学習に対する苦手意識が強く、気持ちが向かず、授業中に黙り込んでしまう場面が見られました。そこで、学習に対する苦手意識を軽減し、学習に楽しみを見い出すことができるように「がんばりカード」を作成しました。花丸やかわいいシール、スタンプをもらうことが好きであるという実態を踏まえ、学習の振り返りの際に、がんばったことを確認しながらシールを貼ったり、スタンプを押したりすることで、自分のがんばりや良さに気づくように工夫しました。

「がんばりカード」

❹ 授業改善の成果と課題

（1）自立活動における実践を通して

様々な素材の上で足裏全体をつけるという活動を繰り返すことで、その感覚が分かり、足裏全体がついたときには、「今ついています」と教師に伝えることができました。また、足裏全体をつけるとふらつかずに安定して歩くことができるということにも気づき、日常生活における歩行でも、足裏全体をつけようと意識してゆっくりと歩く姿が見られるようになりました。

足裏全体をつける

（2）教科学習における実践を通して

授業の最後にキラキラシールやキャラクタースタンプがもらえることが分かると、時計を確認しながら授業の準備を始めたり、文字を丁寧に書いたりするなど、意欲的に取り組むことができました。授業の振り返りでは「今日は○○をがんばりました」と笑顔で答え、自分の良い部分を振り返ることができました。

（3）全体を通して

自立活動において足裏をつけようとしている時間や、教科学習

文字を丁寧に書く様子

で課題に取り組んでいる時間はできるだけ言葉かけを少なくして見守り、自ら考える時間を設けるようにしました。足がついたり、問題が解けたりすると「できました」と嬉しそうに報告する姿が見られました。

また、給食で使用したスプーンやフォークを入れたビニール袋をしばることができたり、アイロンビーズを作り上げることができたりするなど、苦手なことに自ら挑戦することが多くなりました。自分でできることが増えると、達成感を感じているような笑顔を浮かべ「終わりました」と元気に報告をしたり、友達の手伝いをしようとしたりするなど、自信をもって取り組む姿が見られました。

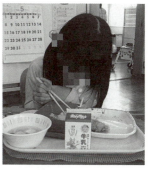

箸にもチャレンジ！

❺ まとめ

まだ生活経験が少ない小学部低学年の児童には、小さな「できた」の積み重ねが重要です。そのためには、教材・教具や手立てを工夫し、成就感を味わうことができるような指導場面を設定する必要があります。児童の実態を適切に把握したうえで、指導内容を検討し、実践することで、児童自身の「自分にもできる」という気持ちが育まれます。そして、その積み重ねによって、「できないことにも挑戦してみよう」「工夫してやってみよう」という気持ちが生まれ、さらに経験を重ねることで、できることと依頼することを判断するといった自己理解へとつながっていくのではないかと考えます。そういった小学部低学年からの自己理解を促すための取組が、子どもたちの自立した生活への一歩となると考えます。

●参考文献
小島道生・片岡美華（2014）発達障害・知的障害のある児童生徒の豊かな自己理解を育むキャリア教育―内面世界を大切にした授業プログラム45― ジアース教育新社
文部科学省ホームページ 共生社会の形成に向けたインクルーシブ教育システム構築のための特別支援教育の推進（報告）
http://www.mext.go.jp/b_menu/shingi/chukyo/chukyo3/044/houkoku/1321667.htm

Comment
本事例は、自立活動の指導を通じ児童自身が自己の身体と向き合いながら取り組む過程で、心理面などにも変容が見られており、自立活動の指導の成果が日常生活や学習場面につながった興味深い実践です。これまで培ってきた児童の成就感を大切にしながら、3つの資質・能力が確実に育まれる実践がさらに展開されることを期待します。
（北川貴章）

第2部 実践編 ■ 知的代替の教育課程

9 地域をテーマに学ぶ生活単元学習
～主体的に取り組む姿を目指して～

静岡県立東部特別支援学校　教諭　伊坂　浩美

●中学部　生活単元学習

Keywords　①体験・経験　②繰り返し　③分かる　④達成感・満足感

1 実践事例の概要

　本校は、伊豆半島北部の中央に位置し豊かな自然と様々な史跡が数多くある、静岡県伊豆の国市にあります。この豊富な地域資源や人材を活用しながら生活単元学習に取り組む中で、生徒の主体的に取り組む姿を目指した、3年間の実践を紹介します。

2 授業改善のポイント

　肢体不自由と知的障害を併せ有する生徒6名（うち3名は中学部から特別支援学校への入学生）は、身近な人には積極的ですが、慣れない人や場に対しては非常に消極的です。与えられた課題には懸命に取り組めるのですが、「体験・経験」が少ないため、自分から何かに取り組んだり考えたりすることが苦手です。その背景にはできる活動でも「（動きが制限されて）できないだろう、時間がかかりすぎる」等、周りの判断で機会が十分与えられてこなかったことも影響していると思われます。「知らない、できない、自信がない」から「分かる、できる、やりたい」と変わるよう、生徒の意欲や自主性を育てるために4つのポイントを意識しました。「実際に体験・経験する」「繰り返し行う」「分かる（目的が分かる・見通しがもてる）」「達成感・満足感」これらを重視し、実際にやってみて様々なことを感じることが大切だと考えました。さらに、身近にある豊富な地域資源や人材を活用することで、興味・関心をもったり、人とのかかわりが更なる成長を促したりできるのではないかと考えました。

3 実践例

(1) 1年目の実践

　生徒が食べ物に強い興味をもっていたため、地域の特産物を調べ、トマトの栽培を行いました。畑での活動に限定せず、プランター等を使うようにしました。校外学習で地域の料理名人に教わり、料理を繰り返し作りました。保存用ビニール袋を多用して、袋の中で

食材を混ぜたり、つぶしたり、練ったりする工程に生徒がかかわれるよう工夫しました。上手にできるようになると、食べさせたいという気持ちが高まり、友達や保護者に振る舞いました。「おいしい」「ありがとう」の声が、生徒たちの満足感・達成感につながり、またやりたいという意欲が見られました。収穫したトマトを使い、トマトスープも作りましたが、初めてのトマト作りで収穫数が限られ、繰り返し作ることができませんでした。

校外学習の様子
保存用ビニール袋を
使用して食材を混ぜている。

（2）2年目の実践

より地域を意識できるよう年間テーマを「韮山探検隊」とし、興味のあること（特産物、地理・歴史）を探っていきました。その際、生徒から発信があれば、時間がかかっても、満足いくまでじっくりと取り組めるよう配慮しました。その中でトマトについてさらに学びたいという思いがあらわれたため、地元のトマト農家のビニールハウスを見学しました。生徒は育て方や病気について知り、トマト栽培に生かすことができました。収穫したトマトはミニミニピザにし、何度も繰り返し作っては、友達に振る舞いました。地理・歴史では、韮山反射炉、蛭ヶ小島等について調べました。文化祭では特産物グループはトマトの○×クイズやトマト料理のレシピ紹介を、地理・歴史グループは史跡のジオラマを作り、教室中を飾り付けました。自分たちだけが調べて作って満足というだけではなく、周りの人にも知ってほしい、伝えたいという気持ちの芽生えが見られました。また、繰り返しじっくりと取り組むことで、やればできるという自信が生まれてきました。

（3）3年目の実践

前年度の学習を2・3年生が生かせるようテーマを「続・韮山探検隊」として、生徒が自分たちで考え取り組むような場を設定しました。早い時期にトマト農家を訪ね、前年度の取組を報告しました。さらに、今年度の栽培の様子を撮影したり収穫したりして伝え、アドバイスをもらいました。畑で活動しやすいよう、車いすでも入れるように畝の向きの工夫をしたり、大きなシートでなく座布団サイズのシートを何枚も作ったりし、自分たちで準備や移動がしやすいようにしました。生徒たちが自分から外に出る等、畑での活動に積極的に取り組む姿が見られました。トマト自体もアドバイスを受ける前とは見違えるほど大きく甘く育ち、その変化が生徒にも分かり、更なる意欲につながりました。料理はトマトリゾット作りに挑戦しました。保存用ビニール袋を活用したり生徒個々に合った活動場所や

シートの工夫

補助具を用意したりする等、一人でできるよう環境を整えました。さらに準備片付けも工程に入れ込み、全員が力を合わせないと完成しないように設定しました。すると「手伝います」「ありがとうございます」等、対教師ではなく生徒同士のかかわりが見られました。同時進行で洗い物をする生徒、手が空いたので自分から気づいてテーブルを拭く生徒も出てきました。

収穫したトマト

畑の様子

　この単元では特に目的・目標・評価が明確になるように心掛けました。下記のように、それぞれの課題をその日の目標にし、活動したその場で評価し、最後に振り返りをしたことで、生徒も自分がやることが分かったり、どこに注意や意識を向けるかが分かって取り組めたり、達成感を得たりすることができました。活動後は、廊下にbefore-afterの掲示をして、何がどのように変化したかを分かりやすく掲示しました。

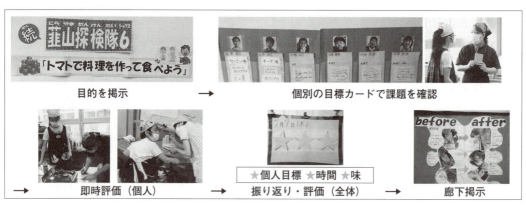

目的を掲示　→　個別の目標カードで課題を確認
→　即時評価（個人）　→　振り返り・評価（全体）　→　廊下掲示

　おいしいリゾットが作れるようになったので、次は「みんなに広めたい」という思いが出てきました。そこで学校全体に知ってもらうよう栄養教諭に依頼をしたところ、給食のメニューとして取り上げてもらうことが決まりました。生徒オリジナルの味を再現してもらうため、栄養教諭や調理員に試食してもらったときは、どの生徒もその表情から自信が感じられました。さらに「昼の放送をしよう」「レシピを分けたい」「ホームページにのせよう」等、生徒たちからたくさんの意見も出ました。

❹ 授業改善の成果と課題

（1）成果

　1年目は地域の料理名人との交流をもち、特産物のトマトと栽培、調理を通してかかわる中で、外部の人との活動を楽しんだり、料理に自信がもてたりしました。さらに身近な人に作った料理を食べてもらいたいという思いが出てきました。

　2年目は、特産物と地理・歴史の面から迫ったことで、さらに地域のことに興味を示すようになりました。活動や思考の時間を十分にとることで、「分かる、できる、やりた

い」という気持ちが芽生えてきました。トマトの栽培について知りたいと、地元のトマトハウス見学に行ったり、トマトが収穫されると、トマト農家お勧めの料理と自分たちの食べたい料理とを組み合わせて、オリジナルピザを作ったりすることができました。生徒の中には、何度も調理を体験したことで作り方を覚え、買い物時にこっそり材料をかごに入れたり、自分で作って家族に振る舞ったりと家庭生活への広がりが見られました。

3年目は既習の活動が生かせるよう、前年度と同じテーマにしたことで、活動の流れが分かって取り組めたり、やったことのある活動をさらに発展させようと意見を出し合ったりする姿が見られました。トマトハウスを再度見学したことで、生徒はポイントを絞って話が聞けました。農家の方は前年度訪れた生徒を覚えていてくださり、さらに地域の人とのつながりが深まりました。また、オリジナルのトマトリゾットを広めたいという思いが、学校の給食のメニューになるという貴重な経験につながりました。調理活動では、準備や片付けに自分から取り組む姿が見られ、その他の活動へも広がっています。家庭で家族と料理をしたり、自分の居住地域について興味をもって調べたりと、生徒自身が学習に主体的に取り組む姿が見られるようになっています。

（2）課題

生徒たちは、動きが制限されることが多いため、「達成感・満足感」をどこまでどのように得ているか、難しいと感じています。必ず動きや動作の面での支援が必要になってくるので、「やってもらって、できた」ではなく、「自分のもっている力を出し切って、できた」と感じられるような支援になるよう工夫をしていきたいです。

❺ まとめ

今回の実践では、「物」「人」「こと」とかかわり、体験・経験することが生徒の意欲や自主性につながっていると感じることができました。「物：特産物である本物のトマトに触れる」「人：地域の人材の活用」「こと：実際に給食のメニューになる」と自然な流れの中で広げていくことができました。また、個への支援を工夫しつつ、繰り返しじっくりと取り組む体験を通して、達成感・満足感を得ていくことの大切さを改めて実感しました。生徒たちが生き生きと学べるよう、課題を意識して、今後も指導・支援の工夫や改善に努めていきたいです。

> **Comment**
> 生徒の実態、興味・関心を踏まえながら地域の人や資源を活用した授業展開は、大変興味深いです。校内から一歩飛び出して農家の畑での体験が生徒の知的好奇心をくすぐり、生徒の思考力、判断力、表現力が発揮されたと思います。本実践は、世代を超えた交流を行いながら、地域の方へ特別支援学校の教育を理解していただく好機会にもなったのではないでしょうか。
>
> （北川貴章）

10 主体的に行動できる力を育む
~自立活動の視点を取り入れた授業実践を通して~

岡山県立早島支援学校（現 岡山県立倉敷まきび支援学校） 教諭　稲岡　加奈子
岡山県立早島支援学校（現 笠岡市立神島外中学校） 教諭　脇坂　吏紗

●中学部　日常生活の指導

Keywords　①アクティブ・ラーニング　②環境整備　③自立活動

思考力 ★★
判断力 ★★
表現力 ★

1　実践事例の概要

　本校では、児童生徒が人や社会とかかわりながら社会参加できることを目指し、主体的な学びを大切に考えて授業実践を行っています。そのためには、子どもの課題やその背景要因を整理し、将来の生活を想定しながら目標や指導内容を明確にすること、自立活動の視点を取り入れて授業を行うこと、各授業を関連させながら指導を進めていくことなどが大切であると考えました。中学部の生徒Ａ（以下、Ａさん）が「自分でできる」「自分から発信する」経験を積み上げ、自分から周囲に働きかけながら生活を作り上げていくことができるよう、主体性を育むことを目指した１年半の実践を紹介します。

2　授業改善のポイント

（1）実態

　Ａさんは、研究当時は中学部３年生男子。以下は２年生４月頃の様子です。
・中学部１年生の３学期から電動車いすを使用している。
・主として左手を使い、簡単な操作をすることができるが、筋緊張で体が右に傾く。
・発音はやや不明瞭ながらも、教師や友達と楽しく会話をすることができる。
・集団での学習には意欲的なことが多く、粘り強く取り組むことができる。
・日常生活の場面では、教師の促しを受けて行動することが多い。

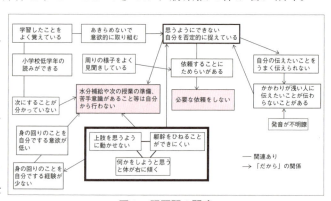

図1　課題間の関連

Aさんの課題間の関連を図1のように整理しました。Aさんの課題として挙げられる「水分補給や次の授業の準備、苦手意識があること等は自分から行わない」「必要な依頼をしない」要因として、自分の体が思うように動かないことから、状況を設定された場面以外では、他者からの介助を受けて生活や活動を行ってきたため、自己肯定感が低いことが考えられました。そのため、設定された場以外で自分から行動することや自分から新しいことに取り組むことへの不安が強いと思われました。また、周りの状況に合わせて行動しようとする気持ちが強いため、依頼が必要な場面でも周りの状況を考えすぎて依頼できないのではないかと考えました。

（2）指導目標・指導内容・指導場面の設定

　高等部卒業後、Aさんには自らの力で充実した生活をつくり上げてほしいと思い、健康で生活に必要な動作を行うことのできる体づくりとともに、自己決定能力、要求や必要な支援を伝える力を付けることが大切だと考えました。そして、これをAさんの自立活動として捉えました。

　今のAさんには、「自分でする」「自分でできる」経験、自分の要求や思いを受け止められる経験を多く積むことが重要であると考え、日常生活や各授業の場面では、以下の2点について特に共通理解して指導を進めました。

- 見通しをもって自分から行動できるようにするために、スケジュールや学習手順を明示したり、Aさんと一緒に体の困難さに配慮した補助具を工夫したりする。
- 生活や学習上の困りを改善するために支援依頼や環境の改善提案などを自ら行う機会を設定する。

❸ 実践例

　「自分からする」「自分から必要な支援を依頼する」ことについて、自立活動の時間における指導、日常生活の指導、教科等の指導に関連をもたせて指導しました。

（1）自立活動の時間における指導

　自立活動の時間における指導では、2年生で、自分でできる生活動作を増やせるように、活動しやすい姿勢や体づくり、移動する力を高める電動車いすの操作に取り組みました。3年生では、自分でできるための環境づくりについて考えること（以下、NKP＝日常生活改善プロジェクト）にも取り組みました。

　NKPでは、日常生活の中におい

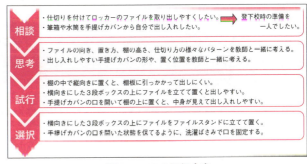

図2　NKPの取組内容

て一人でできることを増やすために、自分に合った方法や環境、必要な支援を考える力を高めることをねらいとしました。Aさんが改善したいことを一つずつ取り上げ、自分でできる方法を考え、試行錯誤を繰り返してより自分に合った環境を作っていく過程を大切にしました。具体的な活動内容と改善後の持ち物整理のための個人スペースは図2、写真1のとおりです。

写真1　Aさんのスペース

(2) 日常生活の指導（「おはようタイム」）

日常生活が充実するように、日常生活や社会生活に必要な基本的内容を自然な流れで指導しています。技能を高めるだけではなくより主体的に行う意欲や態度を育てることをねらいとしています。2年生では、「チェックシート」（表1）を使い、必要な物の確認をしたり、忘れたときの代用方法を考えたりすることを教師と一緒に行いました。「チェックシート」や支援グッズ（写真2、3）の活用により、必要な物の理解や「自分でする」「自分でやりたい」という意欲が増しました。3年生では、NKPで考えた個人スペースを活用して「おはようタイム」を行いました（表2、3）。

表1　チェックシート

表2　日常生活場面の目標や手立て

表3　「おはようタイム」学習指導略案（Aさんに関する部分）

写真2　水筒ホルダー

写真3　鉛筆立て

(3) 職業・家庭

一例として、校内バザーへの出店・販売活動に向けた取組を紹介します。商品づくりで

は、授業目標の達成に向けて「自分で決める」「自分からする」「自分でできる」ということを大切にし、作業内容を選択する場面設定、手順表の活用、用具の工夫等の支援を行いました（表4）。販売活動では、一人でレジ係を担当できるようにタブレット端末のレジスターアプリケーションソフトウエアを活用しました（写真4）。

表4　「職業・家庭」学習指導略案（Aさんに関する部分）

【題材名】はしおきを作ろう
【個人目標】
・作業内容を理解して自分から時間いっぱい製作したり、必要な支援を自分から依頼したりすることができる。
（関）（知）（技）

学習活動	★学習課題・手立て・配慮
1 あいさつをする。	・省略・
2 本時の活動を知る。	
3 作業分担をする。	★一人でできる作業を選ぶことができる。 ・一人でできる作業を選ぶことができるように、他の教科での学習経験を想起できるような説明をする。 ・提示された作業の中から自分一人でできる作業を選ぶことで、意欲的に商品作りをすることができるようにする。 作業内容：粘土をたたいて伸ばす　粘土を綿棒で均一に伸ばす 　　　　　型抜きをする　両手で形を整える
4 商品作りをする。	★粘土をたたいて伸ばす作業を時間いっぱいすることができる ・手順を提示することで、作業内容や仕上がりを理解することができるようにする。 ・一人で作業ができるように用具や補助具を工夫する。 ・自分から報告や支援の依頼ができるように、見守りを基本とする。
5 振り返りをする。	

写真4　レジ係の様子

4　授業改善の成果と課題

　本研究を通して、Aさんは自信をもって、進んで取り組んだり、依頼したりすることができるようになりました。また、したいことや自分でできるための改善方法を自分から教師に伝える場面が増えました。教師は、Aさんが自分らしく豊かに暮らすために必要なことを考えることで、優先する自立活動の目標や指導内容が明確になりました。それにより、各授業間のつながりが見られ、自立活動を関連させて取り組むことで、一貫性のある授業実践をすることができました。また、生活や学習を改善する方法を考えていく過程を大切にすることで、Aさんの意欲の向上や主体的な学びにつながりました。

　今後は、Aさんが望む生活やQOLの向上を具体的に考えることができ、自分ですることと依頼することを判断できるような支援を行っていく必要があると考えます。

5　まとめ

　Aさんは家庭でも「自分でやりたい」という気持ちを伝えることが増えました。これからも「ありのままの自分」「できる自分」を実感できるよう、願いや思いに寄り添い、Aさん自身が望む生活を実現できるような支援の継続を願っています。

Comment

　教師が必要以上に支援し、児童生徒の試行錯誤する場面を奪っていませんか。本実践は、生徒の将来の生活を想定しながら、現状を丁寧に把握して、自立活動の指導目標や指導内容を設定する中で、生徒が試行錯誤する場面を適切に設定し、生徒の思考力・判断力を育み学ぶ意欲を高めています。その指導展開がとても参考になります。

（北川貴章）

第2部　実践編　■　自立活動を主とした教育課程

11　子どもたちの「やりたい」を引き出す授業づくり
～遊びの指導実践を通して考える～

京都府立向日が丘支援学校　教諭　辻　紗矢香

●小学部　遊びの指導

Keywords　①授業改善　②子どもの主体性　③繰り返しの授業

思考力　★★
判断力　★
表現力　★

1　実践事例の概要

　各教科等を合わせた指導では、帯状の時間割や繰り返し取り組む授業設定が大切であると言われています。肢体不自由を伴う重度・重複障害を有する子どもたちは、数回の授業の中で大きな変化を見せることは少ないですが、繰り返し経験することにより内面で「楽しい」「やりたい」という気持ちが必ず芽生えていると実感しています。そして、その気持ちが子どもたちの一つ一つの行動を引き出しているのではないかと考えています。しかし、繰り返しの授業の中で子どもが変化をしていても教師が気づかず、同じ内容を繰り返してしまっていて、子どもの「やりたい」という気持ちが薄れてしまっている授業もあるのではないでしょうか。本実践は、遊びの指導における繰り返しの授業の中で表れた子どもたちの行動の変化に焦点を当て、クラスで授業改善を行い、子どもたちが「楽しい」と感じる活動を大切にしながらも、子どもたちが「やりたい」「やってみたい」と思う気持ちを引き出せるような授業づくりを検証したものです。

2　授業改善のポイント

　2人の子どもの行動の変化に焦点を当てて、授業改善を行いました。子どもたちの様子を検証する際には、現在の状況だけでなく、昨年度の様子などを振り返りながら様々な可能性を探り仮説を立てていきました。その際に、授業の題材について子どもたちがどのよ

表1　子どもたちの知っていること表

	児童A	児童B
さつまいも	前年度、さつまいもに触る経験をしている。さつまいもを使った調理はしているが、食形態がペーストのため、実物とリンクしているかは分からない。	さつまいもを触る経験を積んできている。調理活動も多くしている。違う場面で問われると、名前をイメージすることは難しい。
いもほり	前年度に経験しているが、覚えているかは分からない。『さつまのおいも』の絵本が好きなため、絵本を読むことで活動を思い出すことはできるかもしれない。	毎年経験しているため、活動には慣れている。活動への見通しもある。

68

うな経験をしてきたのか、どのような知識をもっているのかを書き込む欄を指導案に設け、担任間で確認しながら授業づくりをしていきました（表1）。

❸ 実践例

（1）A君の事例

対象児童A（小学部3年生男児、以下A君）は、初めての活動や教材を見ると緊張が強くなり、スムーズに学習に向かうことが難しい児童です。

A君は1年生時に「にじいろのさかな」のお話遊びで、輪っかを握り引っ張って魚の鱗をはがす活動に取り組んでいました。初めは輪っかを握ろうとすると身体が緊張し握れない、引っ張るという活動の意図が分からない様子が見られました。

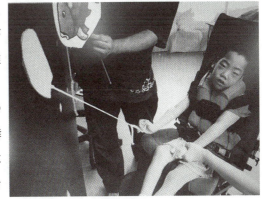

写真1　A君の様子

回数を重ねるうちに「握って引っ張る」活動の意味を理解することができ、スムーズに取り組めるようになっていきました（写真1）。その経験を踏まえ、前年度に取り組んでいた教材を今年度の授業に用いると、A君にどのような変化が見られるのかを検証しました。

（2）Bさんの事例

対象児童B（小学部6年女児、以下Bさん）は、授業への見通しをもつことが早い反面、授業内容に飽きてしまいます。繰り返しの授業をどのように工夫すればBさんが飽きずに取り組むことができ、また新たな反応を引き出すことができるか悩んでいました。そこで、1学期の授業で登場したキャラクターを3学期の単元でも登場させました。Bさんにとって期間をあけた繰り返しの授業は有効であるかを検証しました。

❹ 授業改善の成果と課題

（1）授業改善の成果

①A君の事例

A君の事例では、2年生の「いもほり」の授業で1年生のときに使っていた同じ輪っかを用いました。A君は輪っかを見ると「握って引っ張る活動」ということが予測できたようで、前年度と比較すると身体の緊張感が緩み、輪っかを握り続けることができました（写真2）。

また、3年、4年と同じ教材をいろいろな授業で取り組んでいく中で、輪っかを握って

 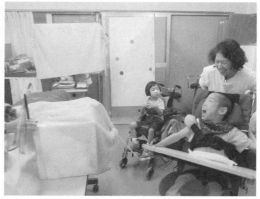

写真2　輪っかを握り続けるA君　　　写真3　腕を自分で動かすA君

いる方の腕を自分で動かすという姿が見られました（写真3）。

　A君の様子から、子どもたちは遊びの中で同じことを繰り返すことにより、活動が「どのようなもの」で「どのように取り組んだらよいか」を理解し学んでいくことが分かりました。また、知っていることをさらに深めて新しい場面で活動しようとする力をつけることも分かりました。A君の場合は、遊びの内容がA君の発達の最近接領域の活動だったからこそ行動に変化が見られたのではないかと思います。

②Bさんの事例

　Bさんの事例では、1学期に登場したキャラクターが再び登場すると「知っている！」という様子で、指導者の顔を見て確認する姿が見られました。また、指導者が「知っている？」と聞くと右手を挙げて「YES」と答える姿が見られました。

　しかし、最初は楽しそうにしていたBさんでしたが、授業の回数を重ねるごとに大きな声を出し、指導者に何かを訴えることが増え始めました。担任は「学習内容に飽きてきたのか」と思っていたため、学習の展開を少し変えたりしながら工夫をしてみましたが、様子は変わりませんでした。その後の授業の様子を観察すると、どうやらキャラクターの役割をやりたいと言っているように思えたため、Bさんに「役をやりたい？」と聞くと右手を挙げて「YES」と答える姿が見られました。そこで、役割を交代すると大きな声を出すこともなくなり、満足げに役割をこなしているBさんの姿が見られました。

　Bさんは他者の行動に興味をもち続けた結果、その行動を「自分も演じたい」という役割交代の要求を芽生えさせることにつながりました。また、同じ内容を繰り返すことで、Bさんの中で役割交代をやりたいという気持ちが芽生え、遊びを主体的に再構成しようとする要求を伝えることができました。

③実践全体を通して

　実践全体を通して、子どもたちの「学びの履歴」「既有知識」について指導案を作成する際に指導者間で出し合うことで、子どもたちの遊び方やものの捉え方などを確認するこ

とができました。そのことで、環境や遊びに子どもを当てはめるのではなく、実態から授業を展開することができ、より子どもの「楽しい」「分かる」「やりたい」という気持ちを引き出せたように感じます。

（2）課題について

今回の実践を終えて、2人の児童の様々な行動の変化に対応できたのは、指導者が前年度より大きく変わらなかったことや、引き継ぎのため子どもたちのことをよく理解している指導者が残っていたことも大きく影響しているように感じます。もし、学部や指導者が大きく変わった場合、どのように子どもたちの身に付けてきた力を活かし積み上げていけるのかが課題だと感じました。

⑤ まとめ

遊びの指導における繰り返しの授業では、子どもの発達段階や遊び方に合わせた遊びを、何度も繰り返し行うことが大切です。その中で、子どもたちは知識の更新、修正を繰り返しながら学び成長していくことができます。その結果「意欲、自主性、自発性」を育てることができるのはないかと考えます。

●参考文献
名古屋恒彦（2016）わかる!できる!「各教科等を合わせた指導」—どの子も本気になれる特別支援教育の授業づくり　教育出版
勅使千鶴（1999）子どもの発達とあそびの指導　ひとなる書房

第2部　実践編

自立活動を主とした教育課程

Comment
　特別支援学校ではティーム・ティーチングによる指導が多く、どのように指導にかかわる複数の教員が情報を共有しながら授業づくりを進めるかが大切です。本実践のように、過去の指導記録などを参考にしながら指導案を作成する段階で、教員間で共通理解を図った方法は、大変興味深く感じます。今後、引き継ぎの工夫なども追究されることに期待します。
（北川貴章）

第２部　実践編　■　自立活動を主とした教育課程

12 言語・文字の概念形成における系統的な指導方法の検討
～Aさんの文字学習導入期の指導事例を通して～

東京都立鹿本学園　教諭　伊藤　仁美

●中学部　国語・数学

Keywords　①スモールステップ　②子どもの視線の読み取り
③まちがえさせない　④できたら心から褒める

思考力　★★
判断力　★★
表現力　★

1 実践事例の概要

　肢体不自由教育部門には３つの教育課程が設定されていますが、準ずる及び知的代替の教育課程に在籍する児童生徒は全体の２割程度で、ほとんどが自立活動を主とする教育課程に属しています。そのため、実態の幅が広く、自立活動を主とする教育課程であっても、知的代替の教育課程に相当する学習に取り組む児童生徒も少なくありません。今回対象となる生徒もその一人であり、実態に応じた認知に迫る学習を保障するため、教員の個別学習における指導力の向上が求められています。

　対象生徒であるAさんの２文字「い」「す」の単語構成課題の学習とその課題達成までの過程と変容を通して、文字学習導入期における系統的な指導方法の有効性について検討し、確かな学力の獲得へ向けて教員が指導力を高め、個別学習の充実を図れるようこの主題を設定しました。

2 授業改善のポイント

　文字学習は①単語構成板を使用した学習、②発音、③書字を１サイクルとして取り組み、繰り返して行うことで定着を図りました。間違えるという誤学習をさせないために、視線を誘導するためにポインティングしたり、提示する文字カードを発声付きで提示したりする援助を行いました。また、指導のステップ３「反利き手側後出し」では、反利き手（左手）への呈示の際に目線を向けることが苦手なので利き手側の右から左側へ視線を誘導するため、右から教員がテーブルの上を「トントントン」と軽くたたいて音を立てながら「い」の文字カードを動かして注視しやすいように呈示しました。

3 実践例

（1）対象生徒Aについて

　対象生徒A（以下、Aさん）は中学部１年生です。主障害は脳性まひで、認知発達面で

はピアジェの発達段階では前操作期にあたり、概ね2歳前後です。コミュニケーションについては、発声はあっても明瞭な発語は見られませんが、日常生活において言語での指示理解が可能であり、写真や絵などが表す意味の理解も高く、さらに、文字を指さして意味を確認するような様子が見られはじめ、文字への興味が高い生徒です。このような実態から、自分の名前や身近なものを文字で理解できたり、文字で表したりできるようになることが、Aさんのコミュニケーション能力を引き上げ、将来の豊かさへつながると考え、文字の学習を導入しました。文字の指導といっても様々な指導方法が考えられますが、Aさんの場合、身近な単語を用いて、絵と文字をマッチングさせる学習を積み重ねることで、文字の概念形成が確立され、将来の生活へつながるコミュニケーション能力へつながっていくと考えました。そこで、本学園の外部専門家より助言、指導を受けながら絵カードを見てそれを表す文字を構成する「単語構成法」を用い、一対一での個別学習で文字の学習を進めることにしました。

（2）指導手続き

①指導期間　平成27年4月～12月

②実施回数　週1回20分程度の個別学習　　計22回
　　　　　　外部専門家による月1回の指導　計7回

③指導方法　外部専門家の指導、助言を受た指導

> ＜指導の基本的な考え方＞
> ・子どもにまちがえさせないこと。
> ・スモールステップで確実な定着をはかること。
> ・<u>小さな反応（特に目の動き）を見逃さないこと。</u>
> ・できたら心から褒めること。
>
> ＜文字学習を導入する際の指導の考え方＞
> ・文字学習の基礎となるレディネスが整っていること。
> ・目で見て、触って確認でき、なおかつ児童生徒の知っている身近な単語から指導すること。
> ・1文字の単語（例「て」「は」「め」）→2文字（例「いす」）→3文字（例「つくえ」）の順番で指導すること。
> 　⇒文字の学習は、読み書きはできるが意味が分からないということのないように、「単語や文を読んで内容が分かる」、つまり、「抽象的な記号で表現されたものの概念を理解すること」が重要である。（宮城2011）

＜使用教材「単語構成版」＞

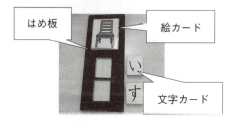

はめ板／絵カード／文字カード

> 　学習活動において視機能の向上を図り、視覚認知（見た物が何であるか分かること）を高めていく工夫が必要である。教材を呈示するときの位置・呈示する順番・配色など、学習空間（机上面）と教材の関係、バック（背景）になる服装・壁・窓・カーテンと教材の関係、光の方向や光の量などを考え、見えやすい学習環境に配慮する。（宮城2011）

＜指導の経過とステップ＞
・一文字の単語「て・は・め」は、それぞれ異なる誤選択肢と見比べて、正しい方を選ぶことが定着していました。

第2部　実践編　■　自立活動を主とした教育課程

【ステップ1】 1対1	・「いす」の2文字と単語構成板の枠が対応するよう呈示するステップ。 ・単語構成板の枠の横に、対応する文字「い」「す」を1文字ずつ入れて行った。	**1対1対応** ・「いす」の2文字と単語構成板の枠の位置が対応するようにした。
【ステップ2】 利き手側（右） 後出し	・反利き手側（左）の「す」を見た後に、利き手側（右）の「い」を見るので、4つあるステップの中で最も正答しやすいステップ。 ・入れる枠を間違えやすかったため、指で入れる枠を叩いて誘導し、指導初期は「い」を発声付きで呈示する援助も行った。	**利き手側（右）後出し** ・左側に「す」を呈示した後、利き手である右側に「い」を呈示し、正しい方「い」を選ぶ。
【ステップ3】 反利き手側（左） 後出し	・利き手側（右）の「す」を見た後に、反利き手側（左）の「い」を見るので、視線が「い」に留まりやすいが、反利き手側（左）に呈示されるので、先ほどの課題より難しいステップ。 ・指導初期は「い」を発声付きで呈示する援助を行った。	**反利き手側（左）後出し** ・利き手である右に「す」を呈示した後、反利き手である左側に「い」を呈示し、正しい方「い」を選ぶ。 ・「い」を見た後で視線を戻さなくても取れるが、先ほどの課題より難しい。
	・反利き手側（左）の選択が苦手だったので、左側の呈示でも取れるように、2つの援助を行った。 ①文字の呈示位置を利き手側にずらし、「い」を机上の中心に置く。 ②利き手側の右から左側へ視線を誘導するため、右から「トントントン」と音を立てながら「い」の文字を動かして呈示する。	反利き手側（左）でも取れるようにするための工夫 ①　　　　② 「い」の位置が机の中心になるように呈示　右側から「トントン」と音を出し左側へ視線を誘導する呈示
【ステップ4】 利き手側（右） 先出し	・利き手側(右)に「い」を呈示した後に、反利き手側の「す」を呈示するため、一度左側に視線を移した後、もう一度視線を右側に移さなくてはいけないため後出しの課題より難しいステップ。 ・10月半ば頃から指導を始め、この課題は比較的早くから正解することができた。	**利き手側（右）先出し** ・利き手である右側に「い」を呈示した後、反利き手である左側に「す」を呈示し、正しい方「い」を選ぶ。 ・左側を見てから、右に視線を戻さなくてはならないため、後出しの課題よりも一般的に難しい。
【ステップ5】 反利き手側（左） 先出し	・反利き手側（左）に先出しで「い」を呈示するステップ。 ⬇ ・指導初期は、利き手側（右）に手が伸びてしまう様子が見られたが、反利き手側（左）の選択が苦手だったので、左側でも取れるように、課題の順序を工夫した。	**反利き手側（左）先出し** ・反利き手である左側に「い」を呈示した後で、利き手である右側に「す」を呈示し、正しい方「い」を選ぶ。 ・「す」を見た後で、反利き手側に視線を戻すため、4つのステップで最も難しい。
	・反利き手側（左）の答えが連続するように、課題の流れを設定した。 ⬇ ・「見て」の言葉かけのみで視線を引っ張ることができるようになり、「い」の文字カードを選択できるようになった。	反利き手側（左）でも取れるようにするための工夫 <ステップの順番> 反利き手側（左）　後出し ↓ 反利き手側（左）　先出し 左側に「い」がくる呈示が連続するよう設定 共に答えが反利き手側になるよう、課題の流れを設定した
指導の成果	・最終段階として、4つのステップを通して学習することで、答えの位置の呈示が全て異なるように設定した。 ⬇ ・どの順番に文字カードを呈示しても、「い」「す」と文字を正しく構成することができるようになった！ ・発声練習でも「い」「す」と区切って言うときは一音節で、「いす」と続けて言う場合は二音節を意識して言うことができるようになった。	**最終段階**　4つのステップを通して学習することで、「い」の呈示の位置が全て異なるように設定した。 利き手側（右）　後出し ↓ 反利き手側（左）　後出し ↓ 利き手側（右）　先出し ↓ 反利き手側（左）　先出し

④ 授業改善の成果と課題

対象生徒の実践事例とその変容から、以下の点における成果が実証されました。

・個別学習におけるスモールステップを大切にした学習の効果

・教員一人一人の指導力向上へ向けた実践形式の研修の成果

・外部専門家を活用した指導方法と指導ステップの検討の成果

今回の実践を通して、文字学習導入期の指導方法と指導ステップの有効性を実証できました。この成果を対象生徒と教員だけのものにするのではなく、学園全体で共有し、教員一人一人が効果的な学習指導を行えるよう進めていかなければなりません。また、認知を高める学習には、個別学習が有効ですが、肢体不自由教育部門においては、個別学習が根付いていない現状にあります。どの時間に、どのような体制で個別学習を確保するのか、工夫と検討が必要であると考えます。

⑤ まとめ

個別学習においてこのようなスモールステップで指導を進めたことにより、「い」「す」の学習では、どの順番に文字カードを呈示しても「い」「す」の文字を正しく選び、構成することができるようになりました。書字練習は、文字の形を捉えられるようになると、「ここから縦にまっすぐいって〜はい、ストップ」の言葉かけに対して手を動かせるようになりました。特に「す」の二画目のくるっと回すところは上手に書けるようになっています。発声練習でも、「い」「す」と区切って言う場合は一音節で、「いす」と続けて言う場合は二音節を意識して言うことができるようになりました。また、教員の発音をよく聞き真似できるようになり発声が明瞭になってきています。今後も個別学習を通して生徒のコミュニケーション能力や表現の幅が広がっていって欲しいです。

●参考文献
宮城武久（2011）障害のある子どもの考える力を育てる基礎学習　学研
宮城武久（2013）障害がある子どもの文字を書く基礎学習　ひらがな・漢字の書字指導　学研

Comment

明瞭な発音がないことから音韻意識の発達が不十分であると考えられます。音韻意識の発達が不十分であると半仮名の読み書きは難しいと言われますが、本実践で取り組んだ、一字一音の理解から清音二音節単語、二音節単語と進む単語構成法は適切な方法です。二音節単語の構成がいくつかでき、助詞一つの文の構成に進むことが期待できます。

（川間健之介）

第2部　実践編　■　自立活動を主とした教育課程

13 重複障害のある生徒の教科の学びと自立活動の学び

長崎県立諫早特別支援学校　主幹教諭　宮尾　尚樹

●高等部　自立活動、教科教育（国語）

Keywords　①カリキュラム・マネジメント　②重複障害　③各教科　④自立活動

思考力　★★
判断力　★
表現力　★

❶ 実践事例の概要

　発達が初期段階の重複障害のある児童生徒の教育活動では、各教科を指導することを前提として教育課程を編成している例は少なく、「障害が重いから自立活動を…」と漠然とした理由で教育活動の多くを自立活動に替えていることが多く見受けられます。そこで、本事例では、重複障害のある生徒への授業の実際を通して、特別支援学校の教育内容として「各教科も、自立活動も」指導することの有効性と意義を検証していきます。

❷ 授業改善のポイント

　授業は、各校の学校教育目標を達成するために編成された教育課程に基づいて行われるものです。その教育課程を編成する基本方針の中で、「児童生徒の障害の状態に関わらず、学校教育として提供する教育内容について、各教科、自立活動、特別の教科道徳、特別活動、総合的な学習の時間、外国語活動の学びを成立させることを前提とした教育課程を編成する。」とし、学校全体の基本的な考え方としました。

　また、本校では、これまでの指導実績や先行研究の調査などから、児童生徒に対して教師が描くことのできる将来を3年後とし、その3年後の豊かな生活に向けて本人・家庭・医療・福祉・学校等で目指す姿を共有するための計画を個別の教育支援計画としました。そして、1年ごとに学校で何を指導するのかを明らかにしたのが個別の指導計画であり、教科の個別の指導計画と自立活動の個別の指導計画があると整理しました。

❸ 実践例

　対象生徒は、肢体不自由と知的障害を併せ有する高等部1年生の男子生徒です。中学部までは他の特別支援学校で学習をしてきました。周囲の声をもとに外界の状況を把握しており、言語理解が比較的高いですが、視覚から情報を得ることが難しいため、手の運動、対人関係など自分から外界へ働きかける力につながっていないということが発達検査等か

ら解釈することができました。

（1）国語科の指導

手続き１：指導する教科（国語）の実態把握をする。

☆学習指導要領　知的障害特別支援学校の国語科　小学部１段階

【例】・教師の話を聞いたり（○）、絵本などを読んでもらったりする（○）。

　　　・教師などの話しかけに応じ（△）、表情（△）、身振り（×）、簡単な音声や言葉で表現する（×）。

☆学習到達度チェックリスト（徳永2014）

聞くこと：スコア４、話すこと：スコア４、読むこと：スコア１、書くこと：スコア２

手続き２：学びの履歴を把握し、習得状況や既習事項を確認する。

音楽と特別活動以外は全て自立活動に替えて指導が実践されており、国語科として何を目標にして指導されてきたのかは明確ではありませんでした。

【例】中１：教師の後に続けて「はぁ」と発声して、すれ違う人に挨拶をすることが増えてきた。中２：読み聞かせで物語が始まると、微笑むような表情で聞くようになった。

手続き３：卒業までに身に付けてほしい力を検討し、教科の内容との関連を明らかにする。

全校研究において、発達が初期段階にある生徒について、本校高等部を卒業するまでに身に付けてほしい力と国語科で目指す姿とのつながりを整理し、対象生徒については、「聞くこと」「話すこと」が残りの在学期間でプラスの変容が期待できるのではないかと展望しました。

手続き４：学習指導要領に示された目標や内容の系統を踏まえ、目標を設定する。

☆学習指導要領　知的障害特別支援学校の国語科　小学部１段階

【例】・教師などの話しかけに応じ（∧）、表情（∧）、身振り（×⇒∧）、簡単な音声や言葉で表現する（×→△）。

☆学習到達度チェックリスト

・聞くこと：スコア６…「いけません」などの声で動きが止まるか、表情が変わる。

・話すこと：スコア６…すでに知っていることに期待して要求する。

・読むこと：スコア２…おもちゃを差し出すとそれを見る。

・書くこと：スコア４…親しい人へ手を伸ばす。

手続き５：時数等を踏まえ、目標達成や内容習得のための具体的な学習内容を設定する。

【例】・絵本「おおきなかぶ」において、教師の「△△が○○をひっぱって…」に続けて自ら声を出す。

（2）自立活動の指導

手続き１：自立活動の６区分26項目を窓にして現時点での実態把握をする。

　本校で作成した自立活動チェックリストを活用して行いました。詳細は省略します。

手続き２：現時点での実態から課題と考えられる事柄を挙げる。

　把握した実態から、すでにできていること等を洗い出し、指導の対象となる課題を抽出します。詳細は省略します。

手続き３：学びの履歴を把握し、挙げた課題を絞り込む。

　対象生徒は、座位保持に関することを多く学んできていました。

【例】　中２：胸周辺のマッサージや背伸び等を行うと快の表情になり、座位がとりやすくなった。中３：入眠することなく、教師と一緒に腰掛け座位を20分以上保持できるようになった。

手続き４：卒業までに身に付けてほしい力を描き、挙げた課題を絞り込む。

　対象生徒が卒業後に通所すると想定される生活介護事業所では、利用者が一人で過ごさなければいけない時間が学校よりも多くあることから、好きなことや落ち着けることを一人で楽しめる力が必要であると考えました。また、本校の目指す児童生徒像にある「心豊かで思いやりのある児童生徒」となるために、「興味の対象を認識し、自ら楽しむことができる」「たくさんの人を意識し、自発的にかかわることができる」力が必要であると考えました。

手続き５：残った課題同士の関連を考え、課題関連図を作成する。　（次ページの図）

手続き６：課題関連図から、現時点の中心課題を導き出す。

　対象生徒について、図のように一つ一つの課題について関連をひも解き、「教師から触れられたり動かされたりした部位を動かすのが難しい」「他者に対して自分から視線を向けたり声を出したり働きかけることはほとんど見られない」を中心課題にしました。

手続き７：中心課題を踏まえ、今年度の目標を設定する。

　対象生徒について、２つの目標を設定しましたが、ここではその１つを示します。
「教師の言葉かけとタッチに応じて、５秒以内に腕を上げ下げし、前方にある玩具を動かしたり倒したりする。」

手続き８：自立活動の６区分26項目から必要なものを選定する。　＜省略＞

手続き９：選定したものを相互に関連付け、具体的な指導内容を設定する。

　設定した目標を達成するために、関連する区分や項目を関連付けて、具体的な指導内容を設定しました。

●働きかける教師に向かって声を出す。

●教師の働きかけに合わせて、腕を挙げたり手のひらで机や床面をたたいたりする。

●触れると何らかのリアクションがある教師の顔や身体、玩具などに手や腕で触れる。

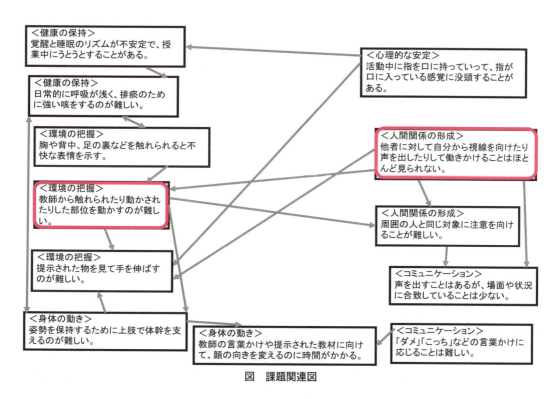

図　課題関連図

❹ 授業改善の成果と課題

　対象生徒は本取組により、国語の指導において、学習到達度チェックリストでこれまで△（3〜7割達成）だった2つの項目が○（7割以上達成）になり、×（3割未満達成）だった2つの項目が△（3〜7割達成）になりました。また、自立活動において、背に力を入れたり頭部や上肢を自ら動かしたりする回数が増え、教師の働きかけに応じて行動するまでの時間が8割以上の割合で5秒以内となりました。

❺ まとめ

　児童生徒が力をつけていくためには、その時や場のなりゆきにまかせた「できるところまで」という授業ではなく、教師が意図的・系統的に指導を行うことが不可欠です。そのためには、重複障害者等の教育課程の取扱いを適切に踏まえ、「各教科も、自立活動も」教育活動に明確に位置付けて指導をしていくことが必要となります。

●引用文献
徳永豊（2014）障害の重い子どもの目標設定ガイド　慶應義塾大学出版会

> **Comment**
> 　障害のたいへん重度である児童生徒においても教科の指導が必要であり、漠然と自立活動に替えるものではありません。今回の学習指導要領の改訂では、知的障害者を教育する特別支援学校の各教科の内容が詳細に示されました。本実践は、自立活動を主とする教育課程においてもしっかりと教科の指導を行っており、大いに参考となります。
> 　　　　　　　　　　　　　　　　　　　　　　　　　　　　　　　　　（川間健之介）

第2部　実践編　■　自立活動を主とした教育課程

14 目と手の協応動作及び主体的操作の個別指導の実践事例

東京都立鹿本学園　教諭　神園　隆

● 高等部　国語・数学

Keywords　①興味ある教材　②学習環境　③「見る」ことに対する評価

思考力 ★★
判断力 ★
表現力 ★

1 個別指導の実践事例の概要

　本事例は当時、肢体不自由教育部門高等部2年生、自立活動を主とする教育課程で学習していた男子生徒A（以下、Aさん）に対して個別指導を一年間実践したものです。

　Aさんはてんかん発作がある生徒で、覚醒状態が安定しておらず、そのときの覚醒状態によって授業中の活動量が異なっていました。個別指導を始める以前からAさんは覚醒が良いときには手の動きが出やすく、興味があれば目の前にある物に自ら手を伸ばすこともあれば、ちらっと視線を向けることもありましたが、個別指導の時間を含め、授業中は総じて覚醒していないことが多いというのが実態でした。また、Aさんは言葉を発することはなく、言葉でのコミュニケーションは難しいです。身体的には前方、後方あるいは側方からの介助によって歩行することができたので、授業の途中でも歩行を入れることによって覚醒を促すということも行っていました。

　4月に新しく私がAさんの担当になり、覚醒状態が一定ではない生徒にどのように個別学習を指導していったら良いものか、私自身指針となるものを探し求めていました。そこに本校の外部学習指導アドバイザーの指導・助言を1年間いただく機会を得ることができ、Aさんが興味をもちそうな教材を準備して個別指導に取り組みました。

2 個別指導改善のポイント

　まず教材の選定から始めました。Aさんの実態を踏まえ、「見る」「見た物に手を伸ばして持つ」「滑らせる、放す」という3つの学習を課題内容としました。このうち「見る」「持つ」の学習に適していてAさんが興味をもちそうな物として、(a)音と光のマイク、(b)羽の柔らかい光る扇風機、(c)鈴付きカーラー、(d)振動する猫の手マッサージャーを

(a)　　　　　　　(b)　　　　　　　(c)

揃えました。「滑らせる、放す」については、(e)穴あき蓋の付いたプラスチックケースを準備しました。持ちやすいゴルフボールが蓋上を滑りやすいように施し、中にゴルフボールが落ちたときに音が鳴るように鈴を取り付けました。

(d)　　　　　　　　(e)

生徒Ａの様子

学習環境は、指導を始めてしばらくは車いすに天板を付けて個別指導を行っていましたが、Ａさんが手を伸ばして課題に取り組むには天板では狭いこと、またＡさんの覚醒が良くないときに上体が前傾姿勢になり、「見る」ことが難しい場面がたびたびあり、その際は上体を支える必要がありました。このような指導の様子を本校の高等部の研究会で検討していき、そこでの助言をもとに学習環境の改善を次のように行いました（写真参照）。

車いすから座位保持椅子に変更して姿勢を維持し、台に置いたテーブルを組み合わせた状態で個別指導を行うようにしたことの改善によりＡさんの上体を支えることとＡさんが肘を伸ばして課題に取り組めるようにテーブル上の学習空間をより広く確保することができました。

指導における主なポイントは図1のとおりです。

＜指導のポイントについて＞

① 生徒の視線の動きの観察・見ていることの評価について
・教材と生徒の距離は30cm程度とすること！
・「見て」の言葉かけ⇒見たら「見てるね」の言葉かけ
・視線が外れたら、ポインティングして視線の誘導

② 指導環境の設定
・教材は肘が伸びた状態で届く位置に呈示
⇒教材を近づけすぎないようにできる学習環境の整備

③ 生徒の動きを待たずに必要に応じて援助
・生徒の動きを待たないこと！
・援助してでも、＜できた＞という体験をさせること
・学習の積み上げ段階では生徒に間違えさせないこと！
またその工夫も大事

④ できたら大いに称賛
・できたら大いに褒めること！
・できたことを何度も褒めることで課題理解と目と手の
協応動作の向上につながる

⑤ その他のポイント
・利き手、反利き手のそれぞれで課題を行わせる
・スモールステップと繰り返しによる指導の積み上げ

図1　指導のポイント

❸ 個別指導の実践例

個別学習の時間は週1日午後の1コマでした。この時間は筆者とＡさんが一対一になれる教室へ移動して個別指導を行うことができました。以下、それぞれの課題の取組について述べますが、指導はＡさんが飽きないように教材を変えながらテンポよく行うようにしました。また、できるようになった課題でも、日によってはできずに終ったこともあったことを補足しておきます。

（1）「見る」学習について

　前掲したように教材として(a)音と光の出るマイク、(b)光る扇風機、(c)鈴を付けたカーラーを準備しました。給食後ということもあり、当初のＡさんは覚醒していないことが多かったのですが、そのようなときにも教材を目の前に呈示して「見て」の言葉かけを続けました。それでも覚醒しない場合には、Ａさんの好きなバニラ香のリップクリームを鼻に近づけるなど、努めて覚醒するように試みました。数回個別指導を継続していくうちに教材の音楽に興味を示して顔が上がるようになり、教材を見ることが増えてきました。見たらすぐに「見てるね」の言葉かけをし、見たことに対する評価をするようにしました。教材はＡさんの目から30〜50cm位離して、左右上下それぞれにゆっくりと動かし、追視しているかを常に確認するようにしました。視線が外れた場合には、すぐに教材を細かく振るなどして再び「見て」の言葉かけをして視線が戻るようにしました。光る扇風機を呈示したときは追視もできましたが、さらに扇風機のビニール羽に利き手である左手を伸ばし、触って動きを止める場面も見られました。課題ができたときにはＡさんの両手を合せながら「で・き・た」と言葉かけをしながら大いに褒めることを忘れずに必ず行いました。

（2）「見た物に手を伸ばして持つ」学習について

　一枚の呈示皿を、Ａさんが肘を伸ばして手が届くところに置きます。電源を入れて振動している(d)猫の手マッサージャーをＡさんに見せて、「見て」と言葉かけをし、見たら「見てるね」と言葉かけして評価しました。そして呈示皿に猫の手マッサージャーを入れて、「持つよ」と言葉かけして利き手である左手をタッピングしました。Ａさんの手が少しでも動いたら、援助して持たせるようにしました。持とうとしない場合にはＡさんの動きを待たずに、Ａさんが持つように援助をちゅうちょなく行いました。持たせた後、「ちょうだい」と言葉かけをして、今度は指を広げて「ぱっ」と言って放させるようにしました。このような場合でも「で・き・た」と大いに褒めるようにしました。右手でも同様に行うようにしました。繰り返す回数はそのときのＡさんの様子によって１〜３回としました。この指導をしばらく行っていくうちに、左右それぞれの手をタッピングするとその手で自分から手を伸ばして持つようになってきました。持って落としそうなときは落とさないように援助をしました。また、他の教材として黄色のゴルフボールでも同様に行い、ステンレスボウルの中に入れて転がして音が出るようにしました。すると自分からゴルフボールを持っては放すということを繰り返す様子が見られました。

（3）「滑らせる、放す」学習について

　まず、呈示皿をＡさんが肘を伸ばして触れるところに置きます。黄色のゴルフボール（以下、ボール）をＡさんに見せて、見たら「見てるね」と言葉かけして同様に評価しました。次に「持つよ」と言葉かけをして、左手をタッピングしました。この課題も繰り返すうちに、Ａさんは自分からボールに手を伸ばして持つようになりました。ボールを持っ

たら、素早く呈示皿を片付け、代わりに(e)の教材をＡさんから見て教材の穴が右にくるように置きました。対面にいる筆者はＡさんの左手を右手で持って教材の上面に乗せ、Ａさんから見たら左から右へ、「すー」と言いながらボールを持ったＡさんの左手を滑らせ、穴のところにきたら、「ぱっ」と言ってボールを放させました。ボールが中に落ちると鈴音がして、Ａさんと教材を一緒に持って揺らしながら、課題ができたことを伝えました。そしてＡさんの両手を合せながら「で・き・た」と大いに褒めました。この課題についても右手でも同様に行いました。

❹ 授業改善の成果と課題

　テーブル等の学習空間を広く確保した結果、Ａさんが自分から手を伸ばして自分の方に引き寄せる動作がはっきり指導者に分かるとともに、Ａさん自身も動きが大きくなることで課題の理解がしやすかったと思われます。また、左右の手をタッピングして「持つ」学習を重ねるうちに、左手をタッピングすると左手で、右手をタッピングすると右手で持つ様子も見られました。そして、上述した一連の課題に30分以上も続けて集中して取り組むことができたことは何より学習を継続した成果だと思っています。さらに「で・き・た」と大いに褒めるときに、Ａさんが自分から手を合わせる動作も見られました。個別指導を実践した１年間、毎週指導時間が確保できたのは幸いでしたが、いろいろな事情で短い時間でしか指導できないこともあるかと思います。個別指導を行う上で指導時間の確保は課題の一つであると考えています。

❺ まとめ

　実践例でのＡさんの活動はしっかり覚醒してからのものです。指導の際に覚醒していないと思われたときも、実は完全に眠っていたのではなく、興味あるものが自分の目の前にきたのでしっかり見よう、触ってみようと思って取り組んだのではないかということ、また援助しながらでも繰り返し指導を行うことにより学習を理解し、意欲的かつ主体的に課題に取り組めるようになったのではないかということです。そして筆者自身が個別指導を通して生徒の理解を深めることができたことは大きな収穫でした。

注（※）つばき教育研究所理事長　宮城武久氏

Comment

　見たものに手を伸ばすことは能動的に環境に働きかけることであり、たいへん重要な指導です。そのために音がする、光る、振動する、風が吹くなどの教材を効果的に使用しています。学習時の姿勢も車いすではなく、座位保持装置を使いやすいテーブルを使っています。障害の重い子どもたちへの指導の基本をしっかりと押さえたよい実践です。　　　　　　　（川間健之介）

15 訪問学級に在籍する重度・重複障害児の作業学習
～できたよろこびを共有し社会参加を目指したリボンストラップ作り～

和歌山県立和歌山さくら支援学校　教諭　正木　芳子

●高等部（訪問）　キャリア教育

Keywords　①訪問学級　②作業学習　③キャリア発達

思考力　★★
判断力　★
表現力　★

1 実践事例の概要

　高等部訪問学級に在籍する生徒A（以下、A君）と作業学習を行いました。家庭班に所属し、2本のリボンを交互に編んで作るリボンストラップ作りに取り組んでいます。自力でリボンを編むことができる教材・教具の作成、モチベーションを高めるための販売目標、人とのかかわりを拡大するための複数訪問、自己肯定感を高めるための目標設定と自己評価の方法について実践を紹介します。

　A君は、日常生活をほとんどベッド上で過ごし身体の動きは乏しく、自助具等を工夫することで学習することができます。コミュニケーションの場面や方法は限定されていますが、表情の変化や指先をわずかに動かす等の身体表現で意思を伝えます。また、訪問教育の生徒であるため、集団への参加や社会とかかわる機会は少ないです。

2 授業改善のポイント

　キャリア発達にかかわる諸能力「基礎的・汎用的能力」の4つの能力「キャリアプランニング能力」「課題対応能力」「人間関係形成、社会形成能力」「自己理解・自己管理能力」で実態把握を行いました。主体的に学習するために「見る」「コミュニケーション」「販売」の3つの項目で学習環境の工夫を行いました。

3 実践例

　「基礎的・汎用的能力」の観点からキャリア発達の課題を整理し、作業学習での指導の目標と計画を次ページの表1のように設定しました。

　作業学習の指導は表2のような流れで行いました。はじめの会、終わりの会は担任が行い、作業は同行訪問の教師が行いました。

（1）目標設定と自己評価

　目標設定、自己評価の手続きは、透過式視線ボードとPICカードを使って行いました。

表1　個別指導計画

長期目標	・主体的に作業に取組み、達成感や充実感を得る。 ・「できた」ことの報告ができる。 ・プレゼントや製品作りを通して社会性を高める。
短期目標	①教師と一緒にリボンを持って引っ張ることができる。 ②リボンの輪を見ながらリボンを引っ張ることができる。 ③できたことを報告できる。 ④販売を目指してストラップを編む。（後期）
指導内容	指導1　リボンストラップの編み方を知る。 指導2　「できた」「つぎ」の報告の仕方を練習する。 指導3　視線による目標設定、評価方法を行う。（後期） 指導4　作品の展示、販売の準備をする。（後期）

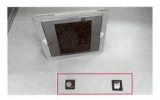

写真1　見本カードと視線ボード

写真2　目標提示用ボード

表2　作業の流れ

学習内容	○学習活動　　　●手立て
はじめの会	○今日の学習カードを選択する。（5月～8月） ○今日の目標を決める。（9月から） ●見本カードをタブレットで提示する。（写真1） ●透過式視線ボードにPICカードを提示する。（写真1） ●今日の目標をホワイトボードで提示する。（3学期より）（写真2）
作業 前半30分 休憩 作業 後半30分	○リボンストラップ作りに取り組む。 ○約10cm編んだら、ビーズ、ストラップを選ぶ。 ●手にリボンを持つ→引っ張る→「できた」ことを確認するという作業の流れを一定にする。 ●リボンの輪が小さくなることが分かるようにビデオを活用して手元をテレビに映す。（写真3） ●引っ張るリボンが分かりやすいように背景の色を工夫する。（写真4） ●本人が発信しやすいようにVOCAにスペックスイッチを接続する。 ●作業時間をタイムタイマーで提示する。 ●休憩時間は、リラックス音楽を流す。
終わりの会	○今日の自己評価を行う。 ●透過式視線ボードを用いて視線でPICカードを選択する。 ●写真で活動の様子を振り返る。 ●アプリ「瞬間日記」で日記を書く。 配慮事項：体調により視線での選択ができないときは、言葉かけを行い、感想や評価を読み取る。

目標設定（①～③）と自己評価（⑤）の方法は以下のとおりです。

①今日の学習カードをタブレットで提示し、同じカードを視線で選択する（写真1）。

②活動カードから、今日の目標とする行動カードを視線で選択する（写真1）。

③選択した学習カード、活動カードを担任がシートに貼る。

④3学期から目標をホワイトボードに提示し、常に見えるようにする（写真2）。

⑤終わりの会で作業を振り返り、「○」「×」のPICカードを視線で選択する。

（2）作業の手順とストラップを編むための教材・教具

　作業学習は、15分から30分を1クールとし、休憩をはさんで、2クール行うことを基本としました。本人の体調や作業の進み具合によって、1クールまたは3クール行いました。リボンを教師が「輪に通す」、A君が「引っ張って輪を小さくする」という作業を繰り返し行いました。A君は手元を直接見ることが困難なので、テレビ画面で確認できるよ

うにしました（写真3）。リボンス
トラップの編み方は、手の動きの実
態から、リボンの輪に編みこむリボ
ンを通した状態からリボンを引っ
張って編んでいくという方法を指導
しました。リボンを引っ張ることで

写真3　編み目を確認するA君　　写真4　リボンの固定方法

リボンの輪が小さくなることがA君に見えるように、提示するビデオカメラの位置や台紙
の背景を工夫しました（写真4）。

❹ 授業改善の成果と課題

（1）主体的な活動＜成果1＞

　初めの頃は、リボンを右手に持ち、お腹の上に乗せると呼吸
の動きを利用して手を移動させる、または重力を利用して手を
ベッドの方に落とす方法で編みました。リボンを引っ張ること
は理解していますが、力の入れ具合を調整することができず、
全身に力が入り、作業量は少なくなります。1回の作業時間は
15分で5回引っ張ることを2～3クール行いました。作業に慣

写真5　完成したストラップ

れてくると1クールでの作業時間は30分に伸ばせるようになり、集中時間も長くなりまし
た。リボンを持つと引っ張ることが分かると、リボンを握るまでは手の力を抜いています
が、手に入ると力を入れるようになりました。お腹の上に手を乗せるまでは力を抜き、誘
導に従います。教師の手が自分の手から離れるとすぐに力を入れて引っ張ります。一気に
引っ張った後、編み目を意識して親指を細かく動かし微調整を行うようになりました。1
回の授業で10～11cmの長さのストラップを1本、完成できるようにまでなりました。

（2）自己肯定感の評価＜成果2＞

　自ら身体を動かすことが難しい生徒にとって、自分の手が動く経験とその結果が分かり
やすいリボンストラップ作りを教材として、年間通して作業学習を行いました。自分でで
きる動きで編み進むことができる教材の工夫により、「できた」ことを実感することがで
きました。その結果、教師が行うリボンの入れ替え作業中に待つ姿が見られたり、できた
ことをVOCAや呼気、手の動きで表現するようになりました。

　自己肯定感の評価を東京都教職員研修センター（2012）が開発した「他者評価シート」
で行いました。自尊感情測定尺度の観点には、「人への働きかけ」「大人との関係」「友だ
ちとの関係」「落ち着き」「意欲」「場に合わせた行動」があり、本事例では、「人への働き
かけ」「大人との関係」「意欲」の項目で事後の評価が3ポイント高くなりました。

　終わりの会は7回の授業の中で5回行いました。回数が少なくこの項目だけで評価する

ことは難しいですが、意欲的に作業した日は、「がんばった」や「〇」のカードを選択していました。これらのことから自己の作業に対する評価も高く、「できた」ことを実感していたと考えられます。

（3）社会参加に向けて＜成果３＞

　家族へのプレゼン作りでは、作品を渡した家族から感謝と称賛を受け、その言葉に聞き入り目を見開いていました。「つながり文化祭」（和歌山市で３月に実施される「障害者家族のつながりを広める文化祭」）で製品を展示、販売することを目指し５本のストラップを作成しました。値札を作り、作業風景の写真を選び、準備を行いました。今回、販売会場に行くことはできませんでしたが、記録写真や、ストラップを購入している場面の写真を見せることで、他者とつながることを感じさせるよう努めると、眼球を動かし記録写真を見ていました。完売したことを伝えると、強い呼気での応答がありました。

（4）課題

　人とのかかわりを広げるための複数訪問を継続することです。また、同行訪問する教員の幅を広げ、安心して作業できる人が増えていくことです。本人のわずかな動きを活用した作業内容のあり方を探ることも今後の課題です。

❺　まとめ

　作業をできるだけ「一人でできる」よう環境設定することで、製品作りに参加することができました。同じ動きややりとりを繰り返し行うことで「一人でできる」ことを理解したと考えます。完成した製品の展示販売の準備や家庭班の生徒への販売委託は同学年の生徒との交流の機会になりました。地域の交流イベントにおける販売により他者とつながり、製品を通じて社会とふれあう機会ももつことができました。

　今回の取組を通して、重度・重複障害児における作業学習の意義は、生産性等の経済的な側面よりも、社会参加を通じて他者との共有と共感の意識を高めることや、自己肯定感を高めることにあると考えます。

●参考文献
東京都教職員研修センター（2012）自尊感情や自己肯定感に関する研究（４年次）
東京都教職員研修センター紀要　第11号
渡邊昭宏（2015）自立活動の授業deライフキャリア教育─キャリア発達を支援する手立てと授業づくり─　明治図書出版.

> **Comment**
> 　訪問学級での指導は、校内での指導とは異なり、限られた環境下で、生徒のもっている力を発揮しながら学習できるよう工夫しています。本実践では、生徒の微細な動きを教師が把握していたからこそ、限られた環境の中でも教材を工夫し、学習へと位置づけることができたと思います。教材・教具の工夫を考える際の視点を学べる実践の一つです。　　　　　　（北川貴章）

第2部　実践編　■　自立活動の指導

16 重度・重複障害のある児童が視線で要求を伝える自立活動

福岡県立築城特別支援学校　指導教諭　待木　浩一

●小学部　自立活動

Keywords　①視線入力　②自立活動　③コミュニケーション　④環境整備

思考力
判断力
表現力 ★

1 実践事例の概要

　本事例は、平成27～28年度の間に、知的障害を併せ有する肢体不自由児Ａ児に対して視線で要求を教師に伝える力を高めることを目指して行った、視線入力装置を用いたコミュニケーションに関する指導の様子をまとめたものです。

　指導を行うことで、Ａ児は、まず２枚の画像を見比べてから自分のやりたい方の画像をじっと見ることができるようになりました。そして、文字カードをじっと見るとその遊びが行われることが分かり、２枚提示された文字カードを見比べた後にどちらかをじっと見て選択することができるようになりました。

　本事例を通して、コミュニケーションが困難だと思われがちな児童の指導において、視線入力装置を効果的に活用することで、児童の表出を読み取ることができることが分かりました。

2 授業改善のポイント

（1）児童の実態から

　肢体不自由教育部門に在籍するＡ児は小学部４年生の女児です（平成27年度）。Ａ児は脳性まひがあり、自立活動中心の教育課程に属します。発語はなく、質問すると発声や身体の動きで答えようとしますが、その際にも全身に力が入るため、どちらを答えているか教師は判断することが難しいです。眼疾患はなく、テレビや絵本を見ることは好きで、動くものなどを目で追うこともでき、声を掛けられたほうに視線を移動させて目を合わせることができます。

　このように、身体の動きに制限はありますが、見ることに関しては比較的制限が少なく、要求を伝える手段になる可能性があると考えました。

（2）コミュニケーションの指導について

　Ａ児をはじめとする子どもたちの「～したい」という思いを聞く際、発声や身体の動き

から答えを判断することが多いです。しかし、判断した答えは、必ずしも子どもの発声や身体の動きだけでなく、教師の意図を介したものが多く、子どもの思いを確実にかなえられているのか疑問をもっていました。できるだけ本人の思いが確実に伝わるように様々な支援機器を使ってはいましたが、「入力する」際は身体を動かすことが多く、A児の身体に力が入ったり、動きにくかったりして操作できないことも多くありました。また、できたとしても結果的に身体に負担がかかることも多くありました。

　そこで、何か有効な「入力する」手段はないか探している際に「視線入力装置」の存在を知りました。視線入力装置を用いることで何も装着せずに文字を入力したりゲームをしたりすることができる様子をインターネットで見て、これは活用できるのではないかと考えました。

　以上の2点から、次のように授業を改善していくことにしました。
・身体的負担をかけずに視線で思いを表出する方法を身に付ける。
・できるだけ本人の意思が教師の意図を介さずに伝わるよう視線入力装置を活用する。

❸ 実践例

　授業は図1のような構想に基づき「気づく」「深まる」段階に分けて展開しました（平成28年度は図中の「画像」が「文字カード」になりました）。授業で使用した機器やソフト等を表1に示します。パソコンと視線入力装置とmiyasuku EyeCon LTを組み合わせることで、A児の目の動きを読み取り、それをマウスカーソルの動きに変換することができます。また、じっと見る（指導段階に応じて0.5〜1秒間に設定）ことで右クリック（決定）の動作もできるようになります。これで、スライドコンテンツを視線で操作することができるようになります。

　図1の構想に基づき視線入

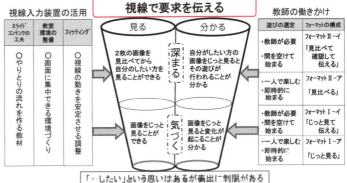

図1　構想図

表1　使用機器など

第2部　実践編　■　自立活動の指導

力装置の活用を表2のように行いました。教師の働きかけである遊びの選定及びフォーマットの構成を段階的に行いました。また、1単位当たりの学習活動は「フィッティング」「ウォーミングアップ」「やりたいことを伝えて遊ぶ」の3つに分けて行いました（表3）。「フィッティング」では、その日の筋緊張の状態等に合わせて座位保持椅子のリクライニングやモニターの角度を調整しました。「ウォーミングアップ」では、Sensory EyeFXやEyeMoTなどのソフトを活用して、視線でゲームをしました。「やりたいことを伝えて遊ぶ」では、画面に表示された画像をじっと見るとその画像の遊びを行うことをしました。例えば、ジェット風船の画像をA児がじっと見ると教師が風船を膨らませて飛ばしたり、動画の画像を見ると教師がその動画を再生したりするなどです。

表2　視線入力装置の活用

	目的	観点	A児・B児への活用	
フィッティング	○視線の動きを安定させる	①姿勢 ②見る角度 ③見る距離	①座位保持椅子のリクライニングを床に対して60°〜80°にする。 ②モニターの角度を座位保持椅子に正対させる。 ③モニターからの座位保持椅子の距離を60〜80cmにする。	
	○視線で決定（クリック）することができる（視線入力に対応したソフトの調整）	①注視時間 ②視線検出感度	①0.5秒→0.75秒→1秒と変化させる。 ②視線を検出する感度を下げる（眼振を吸収する）。	
教室環境の整備	○画面に集中できる	①視覚的な情報の調整 ②聴覚的な情報の調整	①モニターの背景に何もないようにする。 ①カーテンを閉めて光の量を調節する。 ②個室で学習を行う。	
	○応答しやすくする	①場の設定	①決まった配置にする。 ①常に子どもの右側に座る。	
スライドコンテンツの工夫	○決定した（選んだ）ことを分かりやすくする	①視覚的な情報の調整 ②聴覚的な情報の調整	①決定する（選ぶ）とその画像を大きく表示する。 ②決定する（選ぶ）と音声が流れるようにする。	
	○見えやすくする	①視覚的な情報の調整 ②画面の配置 ③画像の大きさ	①背景（画面）を黒くする。 ①玩具等の画像の背景を白にする。 ②画像を左右に配置する（画面を縦に2分割する）。 ②画像の大きさを縦15cm×横14cmにする。	

表3　単元名・ねらい・1単位時間の流れ

単元名	文字カードをじっと見て伝えよう！（全10時間）	
段階	気づく（3時間）　フォーマットⅠ	深まる（7時間）　フォーマットⅡ
ねらい	○文字カードをじっと見るとその遊びが行われることが分かる。 ○文字カードをじっと見ることができる。	○自分のしたい方の文字カードをじっと見て選択するとその遊びが行われることが分かる。 ○2枚の文字カードを見比べてからどちらかをじっと見ることができる。
1単位時間の流れ	1　フィッティング ・その日のA児の筋緊張の状態等に合わせて座位保持椅子のリクライニングやモニターの角度を調整する。 2　ウォーミングアップ ・Sensory EyeFXやEyeMoTなどのソフトを活用して、視線を使ってゲームをする。 3　したいことを伝えて遊ぶ ・画面（スライドコンテンツ）をじっと見て教師にしたい遊びを伝える。	

❹ 授業改善の成果と課題

（1）成果

　表2に示した視線入力装置の活用の観点に加えて表4のような配慮を行った結果、A児は指導期間内で5つの限られた遊びではありますが、2枚提示された文字カードを見比べてから、やりたい方の遊びを選択することができるようになりました。5つの遊びは、動画が3種類と絵本、ジェット風船を準備しました。記録をとった全18回の選択で、絵本を「選択する」場面で一度選んでから次の「確認する」場面では「×」を選択することが3回あり、結果として絵本は一度も選ばれませんでした。このことからも、用意された選択肢の中から、A児は自分のやりたい方を選ぶことができたと考えます。

表4　各段階での問題点と配慮したこと

段階	問題	配慮したこと
気づく	注視することが難しい。	・miyasuku EyeCon LTの検出感度を「中」から「小」に変更。 ・miyasuku EyeCon LTの注視時間を0.75秒から0.5秒に変更。
	文字カードのみを提示した際、サイズが小さくなるので、文字カードの真上に視線が移動せず、決定することができない。	文字カードの上下約1cmまでをじっと見て決定となる範囲に設定。
深まる	2枚の画像を見比べる前に決定になってしまう（はじめに見た方が選択になる）。	5秒間クリックしても反応しないようにスライドコンテンツを設定。

（2）課題

- ・視線入力装置の活用なども含めた指導を継続すること
- ・文字獲得へ向けたコミュニケーション指導の在り方を検討すること
- ・A児の10年後、20年後を見据えたコミュニケーション手段を検討すること

❺ まとめ

　視線入力装置を活用し、楽に表出できる環境を整えることで、A児は自分の視線で変化を起こすという体験ができました。「できた」「伝わった」という体験がさらに「～したい」という気持ちを強くしていくと感じます。これからも子どもたちが「できる」環境をしっかりと整えていきたいと考えます。

●引用文献

待木浩一（2017）知的障害を併せ有する肢体不自由児のコミュニケーション指導における実践研究―視線入力装置の活用を通して―　特別支援教育研究論文集―平成28年度 特別支援教育研究助成事業―

待木浩一（2016）重度・重複障害のA児が視線で要求を伝える自立活動―A児の視線に伝達手段を意味付ける視線入力装置の活用と教師の働き掛けを通して―　福岡県教育センター長期派遣研修員研究報告書　277-282

> **Comment**
>
> 　重度の肢体不自由と言語障害のために表現する力が制限されると、人に気持ちを伝える意欲も育ちにくくなることがあります。また、自分で考えて伝える機会の制約は、認知発達を阻害します。本実践報告のように視線入力装置を活用することで、思考・判断・表現力がはぐくまれ、多くの人々とかかわり、生活が豊かになります。
>
> 　　　　　　　　　　　　　　　　　　　　　　　　　　　　　　　　（川間健之介）

第2部　実践編　■　自立活動の指導

17　身体の動きを通した認知、コミュニケーション学習

奈良県立奈良養護学校　教諭　藤原　啓子

●小学部　自立活動

Keywords　①身体の動きの改善　②できることの理解
③やりたい思いと自信
④伝えたい思いからコミュニケーションへ

思考力　★★
判断力　★
表現力　★★

1　実践事例の概要

　身体の学習としてよく課題とされるのは、姿勢づくりや運動づくりです。これまでも身体の学習として、姿勢の改善や身体の動き方の学習を中心課題として授業を進めてきました。自立活動の6区分にある「身体の動き」に、特化した授業ということになります。今回の取組は、「その改善された姿勢や動きを使って、さらに学習を進めていくことはできないか」という発想から考えられたものです。「楽になったね」「動かせるようになったね」で終わるのではなく、「こんなことができるようになったね」「すごいね、もっとやってみる」というように、一人一人の身体の動きでできることを考えながら、さらにその先へ進めていきました。

　対象児の主体性や思いを大切にしながら学習を進めていく中で、「できることが分かる」「自信が生まれる」「もっとやりたいと思える」「伝えたい気持ちが生まれる」というような展開が見られました。改善された身体の動きを通して、認知やコミュニケーション力の育ちへとつながっていく様子をまとめました。

2　授業改善のポイント

今回の授業実践を進めるに当たって特に大切に考えたことは次の3点になります。
①身体への取組で改善された姿勢や動きを使うことで、新たな理解や意欲が生まれることを期待し、活動を考えていく。
②実践を展開していくに当たって、身体（姿勢・運動）と学び（認知）、思い（情緒）とコミュニケーションの観点で活動をチェックし、その4つの要素を取り入れた学習を考えていく。
③主体性を大切にし、どんな形であれ自らできる動き、何かをしようとする思いを導きながら意識的に褒め、自信や意欲を引き出していけるようにかかわっていく。
　この3点は重なる部分もありますが、バランスのとれた発達を支援していく上でも重要

な要素であると考え、特に意識して学習内容を考え、かかわり方を工夫しました。

❸ 実践例

　取組の具体例として、ここでは２つの事例を紹介します。事例１が自立活動中心の児童Ａ（以下、Ａさん）、事例２が知的代替の教育課程で学ぶ児童Ｂ（以下、Ｂ君）です。

【事例１】手の力が抜け、感覚の楽しみが広がり、かかわりを求めるようになったＡさん

　Ａさんは小学部４年生の女児です。気管切開、胃瘻があり、医療ケアの必要な重心児です。入学時は、手を胸元へ聞き込み握りしめる緊張がきわめて強く、血行が悪くなり、手が紫色に変色しているような状態でした。学校では寝ていることや身体を反らしていることの多い児童でした。

①これまでの授業

　肩や手に入っている緊張のため、血行が悪くなり手が紫色になっていました。肩や手の緊張を他動的に緩めても、すぐに力が入ってしまい、改善にはつながりませんでした。背中や股関節に入っている力が影響して、肩や手に力が入っていることが分かり、全体像を確認しながら股関節、続いて背中の力を抜いていく練習をすることで、肩や手の力も抜けるようになりました。それでもしばらくするとまた力を入れているというような状況が続き、根本的な改善には至りませんでした。

②授業改善の工夫

　力が抜けるようになっても、手を主体的に使おうという感覚が育っていないので、また力を入れてしまうということの繰り返しでした。そこで、ビックリしたときに見られる手を伸ばす動きや、不機嫌なときによくする手を引き込む動きなど、どんな形でもＡさんが自分で手を動かすことが必要と考えました。手の動きを導くために、いろいろな感覚を味わえるようにしていきました。視覚、聴覚が弱いため、触覚系、固有覚系が中心でしたが、もっとも効果的だったのが、凍らせた保冷材でした（写真１）。

写真１　凍らせた保冷剤を触ろうとするＡさん

　保冷材をＡさんが、手を伸ばしたときに届く位置に固定しておくと、触った瞬間に一気に手を引っ込めます。最初はびっくりした感じでしたが、次第に慣れてくると何度も自分から触りにいき、その感覚を楽しめるようになりました。その後、振動系の分かりやすい感覚についても、自分から触りにいって、楽しむ様子が見られるようになりました。

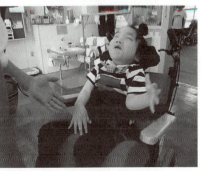

写真２　手を上げる動きが見られるＡさん

また、手をとって揺らしてあげると、すぐに笑顔が出るようになりました。その手をそっと下ろして待っていると、自分で手を上げる動きが見られるようになりました（写真2）。それを「もう一回やって」という表現と意味づけて、手を上げてきたときに、繰り返し活発に手を上げるようになり、意思表示の動きへとつながっていきました。

【事例2】台に昇り、飛び降りるときに「見て、見て」という言葉が出るようになったＢ君

　Ｂ君は小学部4年生の男児です。右片まひのため右手は引き込み、右足首にも力を入れ、尖足状態での不安定な歩行でした。足首の保護のため革製の短靴を着用していました。

①これまでの授業

　足首の力を抜き、膝を伸ばした姿勢で立つ練習を繰り返すことで、右足裏全体で体重を受けることができるようになりました。また、言葉かけだけで右膝を伸ばし、立位姿勢を保つことができるようにもなりました。

　しかし、右足の動きに改善が見られても、それにより歩行が安定したり、踵をつけて歩いたりすることができるようにはなりませんでした。

②授業改善の工夫

　ただ膝を伸ばして立つだけではなく、立っている意識を感じてもらうために、教室にあった20cm程の高さの台に乗って膝を伸ばして立つ練習をしました。台に乗るだけで普段と違った感覚があるようで、立つことを楽しめるようになりました。初めは台の昇り降りも全介助で抱き上げていましたが、次第に手を支えるだけで昇り降りができるようになりました。慣れてくると手を外して自分で昇り降りができるようにもなりました。自分で難しいと思っていたことができるようになり、自信にもつながっていったようで、一人で昇り降りを繰り返し行い、その動作も安定してきました。

写真3　自分で台から飛び降りるＢ君

　そして、さらに難しいことにもチャレンジするようになり、自分で台から飛び降りるようにして遊び始めました（写真3）。

　初めは、安定して台から降りることはできませんでしたが、そのスリルが面白かったようです。次第に上手になってくると、飛び降りるときに自分を見るようにと言葉で要求するようになりました。みんなから褒められると気分が良くなるようで、台を降りるときだけでなく、昇る前から見てほしいと要求

写真4　歩行が安定してきたＢ君

17 身体の動きを通した認知、コミュニケーション学習

できるようになりました。このように、この活動を通して自分から活発なやりとりができるようになりました。その中で、バランスをとる力、歩行の安定性、力強さが向上していきました（写真4）。

④ 授業改善の成果と課題

　肢体不自由児への指導では、姿勢や身体の動きの課題が顕著であり、それらの改善に比重が多くなる傾向があります。その際、身体に注目するだけでなく、認知や情緒、コミュニケーションにつながる取り組みへ発展させていくことにより、バランスの取れた全体的な成長、発達につながっていくということが分りました。

　苦手な部分だからこそ、その部分の変化に気づきやすく、意識が育ちやすいのではないかと思います。その変化に注目し、その使い方を題材として思いを深め、意欲や達成感を感じながら「できる」という自信を育てていくこと、それがさらには「伝えたい」という思いの中からコミュニケーションが広がっていくのではと感じています。

　ともすると結果を求めるあまり、補助や介助が多くなりがちになりますが、本人のできること、主体的動きを導くことを大切に進めていく必要があります。時には本人を信じて動きを待つことも必要であり、どこまで任せられるのかを見極める力が担当者にとっての大きな課題となります。

⑤ まとめ

　身体への取組として、姿勢や身体の動きが中心となりがちでしたが、さらに、そこから先の課題へつなぐことで、認知や情緒の育成、コミュニケーションの学習につながっていくことを実感しました。本人の興味を引き出し、主体的に取り組もうとする思いを育てていくことが大切で、その中から子どもたちにチャレンジしようとする気持ちが生まれてきます。子どもたちが共に挑戦する中で、互いを意識し、つながりを求めてコミュニケーションが自然に生まれてくることを感じました。

Comment

　身体の動きの学習によって認知やコミュニケーション、社会性の発達が促されます。また、これらの発達が身体の動きの発達の基盤にもなります。本実践では、2事例を通じてそのことを示してくれました。特に事例1は、見ることが難しい児童生徒が手を有意味に使うという学習にたいへん参考になります。

(川間健之介)

第2部　実践編

自立活動の指導

18 肢体不自由児の上肢活動を育て、伸ばす指導
～電動カーとスイッチを活用した実践～

鹿児島県立皆与志養護学校　教諭　水之浦　賢志

● 小学部　自立活動

Keywords　①脳性麻痺　②教材・教具の開発と工夫　③スイッチ　④プットイン

思考力 ★★
判断力 ★
表現力 ★

1　実践事例の概要

　知的障害と肢体不自由を併せ有する児童A（以下、Aさん）は、自立活動を主とする教育課程で学習しています。入学時のAさんには次のような実態がありました。

- 座位保持装置使用
- 右上下肢のまひが強い
- 自傷・他害行為が非常に多い
- 苦手なことが多く、興味・関心のあるものが見出せない
- 他者へかかわろうとする様子は見られない
- 左手でつかんだ物を瞬時に後方へ強く投げ飛ばす

　本稿では、自立活動専任の立場で指導にあたった4年間の中で、左右異なる課題のある上肢活動について取り組んだ二つの実践を紹介します。

2　授業改善のポイント

（1）好きな遊びで学ぶ

　Aさんの実態から、まずは本人が楽しいと感じ、主体的に取り組むことのできる「遊び」を見つけることを目標にしました。視覚、聴覚、触覚を刺激するような機器や玩具類、ブランコやトランポリン等の遊具類を様々な方法で用いましたが、唯一Aさんが良好な反応を示したのは、電動カーに乗り、スイッチを押して走る遊びでした。そこで、以降の指導は電動カー遊びを軸とした指導計画を検討することにしました。

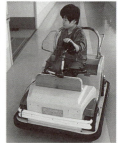

電動カーに乗るAさん

（2）教材・教具の開発と工夫

　一つの遊びから学びを広げていくためには、同じ条件のままでは限界があります。遊び自体は変わらないものの、達成するための条件が変わってくると、子どもは自ずと解決のための糸口を探すようになります。Aさんはスイッチを押せば電動カーが走り出す因果関係を理解できたことから、このスイッチ部分を工夫していくことで、上肢活動に関する課題に対して主体的に取り組めるのではないかと考えました。

❸ 実践例

（1）まひが強い右上肢へのアプローチ（2年次）

　Aさんはまひの状態に大きな左右差があり、いかなる状況でも右手を使おうとすることはありませんでした。生活上、左手だけで活動するには困難な場面もあるため、将来的にまひ側である右手を補助的に使えるよう、まずは対象へ右手を置く（スイッチを押す）課題を設定しました。

「ふたまたケーブル」＜自作教具＞
一つの機器に二つのスイッチを接続できるようにするケーブル。二つのスイッチが同時にONになっている間だけ機器が動作する。

右肘を伸ばせないため、右手用スイッチは右手を楽に置けるようAさんの脇腹付近に位置するよう、ユニバーサルアームで固定。

　スイッチが一つの場合は、たとえ右手の近くにスイッチがあっても左手を伸ばして操作できますが、ふたまたケーブルで二つのスイッチを接続したことにより、左手だけでは解決できない状況を作ることができました。初めの約3か月間は教師がAさんの右手を支えてスイッチ上へ誘導していましたが、誘導を止めてAさんの様子を見守っていたところ、左手でスイッチを何度も押すうちに、次第に右手の位置を気にし始め、左手で右手をつかもうとしたり、体を揺らして右手を動かそうとしたりするようになりました。肩関節を外転し、さらに体を前に傾けたことで、右手がスイッチ上に乗り、ついに支援なしで走行することができました。この直後、目をまん丸にし、満面の笑みを浮かべる姿が印象的でした。

初めて右手でスイッチを押せた瞬間

右肘を伸ばして押す

　約1年半の学習で少しずつ右側のスイッチを体から離していきましたが、左右のスイッチが並ぶほど遠い位置にあっても、肘を伸ばしてしっかりとスイッチを押すことができるようになりました。

（2）物を瞬時に後方へ投げる左上肢の動作を改善するアプローチ（3年次）

　Aさんが物を後方へ投げてしまう行為は、学習や遊びが続かないばかりか、周囲への危険性もありました。しっかり固定された物であれば問題ありませんが、それができない物も多くあります。そのため、この課題を改善していくことは、Aさんの学習や余暇を豊かにしていく上で非常に重要であると考えていました。

　通常プットインは卓上の箱や容器に物を入れる活動ですが、Aさんの場合、入れ物自体

「プットインボックス」＜自作教具＞
座位保持装置のテーブルに固定する、大きな開口部のある木箱。箱に物を入れると、底に設置したスイッチがONに、物を取り出せばOFFになる。

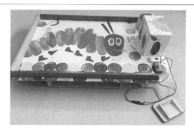
「電動スクーターボード」＜自作教具＞
工業高校の協力により作製。座位保持装置ごと搭乗し、電動カー同様、スイッチ操作で走行することが可能。

を投げてしまう上、物を入れるという行為の理解が未形成なため、座位保持装置に固定できる、とても大きな開口部を備えたプットインボックスを作製しました。

　それに伴い、これまで使用していた電動カーから電動スクーターボードに切り替える必要がありましたが、走行を体験してみると受け入れは良好だったため、スムーズに学習を始めることができました。

　座位保持装置のテーブルに置かれたボールをつかむと、すぐに後方へ投げようとしていました。しかし、開口部の前にヒートンを取り付け、ヒートンとボールをゴムひもでつないでいたため、Aさんが後方へ投げてもすぐにボールは手元に戻ってきました。その動作を繰り返すうち、後方へ投げることを諦め、今度はボックスの横や前へ落とそうとするようになりました。ボールから手を放した次の瞬間、ゴムひもによって戻されたボールが偶然ボックスに入

横へ落とそうとするAさん

り、電動スクーターボードがようやく走行を始めると、Aさんは大喜びしていました。

　この経験以降、ボールを後方へ投げようとする動作は少しずつ減少し、左手を伸ばして開口部の先でボールを放すことが増えてきました。その際のボールの動きと電動スクーターボードの挙動から気づきを得たのでしょう、ボールを直接開口部へプットインするようになり、学習に取り組み始めて2か月後には、ボールからゴムひもを外した状態でも活動できるようになってきました。日によっては頻回にボールを後方へ投げることもあり、そのたびにゴムひもを付けた状態に戻し、Aさん自身が正しい動作に気づけるようにしました。

　半年後にはボール以外の玩具類でも、さらには、開口部を半分以下に狭めてもプットインできるようになりました。

玩具(車)のプットイン

❹ 授業改善の成果と課題

　3年生までに両上肢の課題を改善できたAさんは、その後、プットインボックス右に増設したクレーンの一部を右手で押さえ、それにより手の届く距離に接近したボールを左手でクレーンの先端から取ってプットインするという活動や、合掌の動作で左右のバーを体の前で触れ合わせる活動に取り組めるようになりました。

　自立活動以外の場面では、授業の始まりや終わりの挨拶を行う際の号令がわりとして渡された蛇腹式ラッパを、テーブルに当てて数回鳴らし、正面にいる教師にしっかりと返すことが確実にできるようになりました。物を介したやりとりがきっかけとなり、教師の呼び掛けに対して声を発するようになったり、これまで関心を示すことがなかった同年代の友達にも優しく手を伸ばすようになったりと、対人関係の面でも変化が見られるようになりました。

　今後は、身に付けてきた力を普段の学習や生活の中で生かしていけるよう、Aさんにとって魅力ある学習内容を組織していきながら、Aさんが自分で解決できるような学習活動の設定と支援ツールの開発を充実させていくことが課題です。

右手で押さえ左手で取る

両手で左右のバーを合わせる

教師にラッパを手渡す

❺ まとめ

　初めて二つのスイッチを自分で押すことができ、電動カーが走り出した直後のAさんの笑顔は、苦労を乗り越え、自分なりに見つけた方法で成功できたからこそ味わえた、「やったあ！できた！」という感動の表れだったと思います。その成功体験の積み重ねは自信となり、さらなる挑戦への原動力となることでしょう。教材・教具を工夫することの大切さは、こういうところにあるのかもしれません。

> **Comment**
> 　二股ケーブルやヒートンとボールをゴムひもでつなぐといったアイデアはたいへん素晴らしいです。仮説を立て、実践を行うために教材を自作し、それによって子どもが学習し、日常生活においても変容が見られています。近年、木の教材を作成する教師が減っている気がします。自作教材のすばらしさをあらためて教えてくれる実践です。　　　　　　　　　　（川間健之介）

19 目と手の協応運動から概念行動形成の学習までの取組

熊本県立芦北支援学校　教諭　尾崎　歩

●小学部（訪問）　自立活動

Keywords　①目と手の協応性　②目の使い方　③取っ手抜き　④型はめ

思考力 ★★
判断力 ★★
表現力 ★

1　実践事例の概要

　本事例の対象児童（以下、本児）は、小学部訪問教育に在籍する6年生の男子児童です。普段はベッド上もしくは座位保持装置に乗って生活しており、ヘッドレストや背もたれに上体を預けた姿勢をとることが多いですが、首は座っていて、腕や頭など上半身中心に、ある程度自らの意思で動かすことができています。入学当初より「触れる」「握る」という学習を積み重ねてきており、3年時からはボールの筒入れなど状況に応じて物を「入れる」「放す」という学習に取り組んできました。そこで、目と手を使って自らの運動を調節する学習に取り組むことで、位置、方向、順序などより高次の概念行動形成につながるのではないかと考え、5年生から2年間取り組んできた学習を紹介します。

2　授業改善のポイント

　本児は、本校に隣接する施設に入所し、週2回の訪問教育（自立活動）を受けています。1年生からの個別の指導計画を参考にしながら学習を計画し、授業の記録を振り返ることで本児の目と手の使い方や姿勢などの実態を把握してきました。しかし、担任が一人で授業をすることが多いことから、複数の視点による、より的確な実態把握や授業改善を実現するため、職員5人（主任1人・担任4人）がそれぞれサブティーチャーとして授業に参加できる指導体制を工夫しました。また、外部から専門家をお招きし、2年間で5回、指導助言をいただく機会を設けました。さらに全体研究の中で、学部を越えた縦割りのグループを作り、他学部の職員と授業を検討する「グループ研究」の時間を設けました。それらを通して、本児の有する感覚と運動の関係性や、目と手の協応性の発達段階から見た適切な教材の工夫、また効果的な提示の仕方などを検討し合うことができました。その内容をもとに、教師の支援や指導の方法を適宜改善し、再度評価するという、PDCAサイクルに細かく取り組みながら進めていきました。

❸ 実践例

【5年生時の自立活動年間目標より】

様々な大きさや形の教材に触れ、視線を向けながら目的に応じた操作ができる。

第1期　小学部5年　1学期〜

内容	○3つの仕切りがついた箱の中からボールを見つけて取り出し、別の箱に入れる。（ボール探し） ○箱に入ったボールを取って、穴の開いた容器に入れる。（玉入れ）	

写真1
「ボール探し」

つけたい力	【ボール探し】ボールを探す、ボールを掴んで出す、入れる箱を探す、ボールを箱に持っていく、ボールを手から放し箱に入れる 【玉入れ】ボールを探す、ボールを掴む、容器の穴を探す、ボールを穴に持っていく、ボールを手から放し穴に入れる	

結果		目の使い方	手の使い方
	ボール探し	・本児の正面に教材を提示すると、3つの箱の左端から順に視線を動かしてボールを探していました。 ・本児の左側に教材を提示すると、全体を一目で捉え、視線を動かさずにボールに手を伸ばしました。	・目でボールの入っている箱を確認したのち、手を伸ばしたり箱を手で引き寄せたりしてボールを取り出しました。 ・左手で取り出したボールを右手に持ちかえて別の容器に入れることができました。
	玉入れ	・ヘッドレストに預けていた頭を持ち上げて、頭を起こした姿勢をとり、穴を覗き込むようにして見ました。	・穴の開いている面に玉を持ったまま手を伸ばして、面と玉をこすり合わせながら、手を滑らせる動きで穴に玉を落としました。

考察	教材の提示位置により、教材を捉えるための目の使い方を自ら変えていることが分かりました。本児の様子から、正面より、目の左端で見る方が見やすいことが考えられます。また、対象を把握する際に頭、上体といった身体の部位の動きを調整し、操作しやすい姿勢を自ら作った上で目的に応じて手を使おうとしていることが考えられます。

第2期　小学部5年　2学期〜

内容	○直線（縦・横）、L字、円形等のレールから取っ手を抜き取る。（取っ手抜き） ○円、正三角、正方形の型をガイドに沿って型枠にはめる。（型はめ）	

写真2　　　　写真3
「取っ手抜き」　「型はめ（ガイド）」

つけたい力	【取っ手抜き】取っ手の位置を見る、手を伸ばして取って を掴む、スライドさせる方向を見る、手や腕を動かして取っ手を滑らせる、手を持ち替える、手首を回転させる、取っ手を抜く 【型はめ】円、正三角、正方形の型をガイドに沿って型枠にはめる	

結果		目の使い方	手の使い方
	取っ手抜き	・はじめは手元を見ておらず、取っ手をうまく運べないときに視線を手元に落として確認していましたが、持続的に手元を見ることができるようになってからは、手の動きを目で追っていました。 ・取っ手をスムーズに運べるようになると、先に終点を目で捉えるようになりました。	・取っ手を握ると力を入れ様々な方向に動かそうとしましたが、教師が手を添えて方向を補助したり終点に手を添えたりすることで取っ手を運ぶことができました。 ・目の使い方に追随するように、手の動かし方も滑らかになり、身体の正面で手を持ち替えて終点まで移動できました。
	型はめ	・型枠に型が入らないと、視線を落として型枠の位置を確認していました。	・教師の手を本児の手に重ね、型枠の方向へとわずかに動かして動きのきっかけを補助することで自らガイドに沿って手を動かしました。

101

考察	取っ手抜きの学習で取っ手を「持つ」「力を入れる」「滑らせる」という目や手の使い方を習得し、型はめの学習へと移行できました。また手の動きに目を向ける関係から、徐々に目の動きが手の動きを先行するようになり、目と手の協応運動に変化が見られるようになりました。これらの学習から、物を比較したり分類したりする学習の基礎となる力がついてきたと考えられます。	 写真4 手の動きに目が追随している

【6年生時の自立活動年間目標より】

教師が提示した絵と同じ絵を選び取ることができる。

第3期　小学部6年　1学期終盤〜

　この頃になると、「目の使い方」「手の使い方」と分けて捉えるよりも、目と手の関係性を相互に関連付けながら捉えるほうが分かりやすくなってきました。

内容	○正しい型を選択肢から選んで型枠にはめる。（ガイドなしの型はめ）	
つけたい力	【ガイドなしの型はめ】型枠を見る、選択肢を見比べる、正しい型に手を伸ばす、選択した型と合う型枠の方向に手を動かしてスライドさせる、手の動きに視線を合わせる、先に型枠を見ながら手を動かす	写真4 「ガイドなしの型はめ」
結果（ガイドなしの型はめ／形の弁別）	目や手の使い方 ・提示板で型を提示すると、「握る」という動作が入ってしまい、枠板で「放す」ことが難しかったため、本児の得意な「滑らせる」動きで型はめができるよう枠板を広くし、同じ面に型を提示したところ、手で滑らせて型枠にはめることができました。 ・提示された型枠や型を注視したり追視したりすることが増え、手元を持続的に見て何度も型をはめようと試みるようになりました。 ・型をはめ込むときに視線が外れる様子が見られました。 ・型が入らないときは手に取り、型を見ながら一定時間振っている様子があり、その後再び型枠に入れようとしていました。入らなければ、また手に持って振っていました。 ・2つの選択肢から正しい型を選んではめる学習では、不要な型を掴んで床に落とす行動が見られました。	写真6 「掲示板を使用した狭い枠板」 写真7 「スライドさせて取り組める広い枠板」
考察	手元を見ながら入れようとする動きが続いていることから、型が入ると確信をもっている本児の自信がうかがえます。最終的に型をはめ込む段階になると視線が外れるのは、本児が手の動きを調節しやすいよう敢えて行っているのではないかと推測され、本児の工夫として捉えられます。また、型を手に持って振る行動には、本児が型に触れたり振ったりしたときの実感から、形を理解していることが考えられます。本児が実感を伴うことで学習している姿が見られました。	 写真8 手元を見ながら取り組む

❹ 授業改善の成果と課題

（1）成果

　本児が学習の中で意図した結果にならない場合に、手を持ち替えたり手元に視線を落としたり、また教材を振ったりする行動をとり、自ら考え試行錯誤する姿が見られるようになりました。教師が動きのきっかけを促すために、本児が目を逸らし気味にしているときに肘などを軽く押すようにするなど、本児の目の動かし方を丁寧に把握することで、支援のタイミングが合うようになり、学習効果が上がってきました。取っ手抜きでは目の動きが手の運動を先行するようになったこと、形の学習では自らの実感を通して形を理解したり、視線を動かして2種類の形を見比べたりするようになったことなどから、目と手の協応運動及び形や方向などの概念の理解において、本学習が有益だったと考えられます。

（2）課題

　「形の弁別」の学習では、不要な型をどのように扱えばよいのか、本児が困惑している様子がありました。不要な型については、どうしようかと考えた後、床に落とす行動をとることが多かったことから、提示された2つの選択肢をすべて操作してしまうことが本児にとって重要ではないかと考えました。そこで、2つの型枠に2つの型を提示した学習に取り組むことにしました。自分がはめたい型枠に対する正しい型を、見比べたり手に取って実感したりする様子は多く見られるようになりましたが、正答率は5割程度とまだ低いのが現状です。今後正答率を上げ、大きさや色などの弁別や、形の比較といった学習へつなげていきたいと考えています。加えて、位置、方向、順序などの学習に取り組むことで、文字、数の学習の基礎となる力を培うことが今後の課題となります。

❺ まとめ

　訪問教育の教師、他学部の教師とともに授業改善のための授業研究会を実施し、さらに、外部の専門家を交えての研究会を踏まえながら、日々の授業実践の評価改善を行えたことは、担任一人で授業を実施する訪問教育において、授業の改善に効果的でした。また、本児にとっても学習効果が高まったと感じています。今後も、形をどのように捉えているのか、目と手の協応性はどうかなど、常に変化している本児の実態を複数の視点で丁寧に把握し、それに応じた指導及び支援を講じていく必要があると感じています。

Comment

　見たものに手を伸ばし操作することが大変重要です。そのため教師は、子どもの視線をしっかりと把握し、それに伴って手がどのように使われているのかを見ていなくてはなりません。操作することから基礎的な概念が形成されていきます。本実践はこのことを踏まえて丁寧に指導が行われています。新学習指導要領の算数・数学も参照してください。　　　　　　　（川間健之介）

第2部　実践編　■　自立活動の指導

20 児童生徒のキャリア発達を支援するための授業づくり
～人とかかわるための力の向上を目指して～

青森県立青森第一養護学校　教諭（現　青森県総合教育センター　指導主事）　相坂　潤
青森県立青森第一養護学校　教諭　小田桐直美

●中学部　自立活動

Keywords　①育てたい力　③つながり
④ライフキャリア

思考力	★
判断力	★
表現力	★★

❶　実践事例の概要

　本校は、平成26年度から「児童生徒一人一人の夢や願いに応じた生き方に基づき、より良い自立と社会参加を目指すこと」を目標に、キャリア教育実践プロジェクトを立ち上げ、全校体制でキャリア教育の推進に取り組んできました。校内研究としても「キャリア発達を支援するための授業づくり」をテーマに掲げ、これまでの教員一人一人の実践と卒業後に必要となる力を参考に、類型ごとに「育てたい力」（青一養版）を設定し、それを日々の授業でどのように育むのかについて検討し、授業づくり、授業改善に取り組んできました。本稿では、自立活動を主とした教育課程で学習する生徒の「育てたい力」を育むための実践について報告します。

❷　授業改善のポイント

　児童生徒一人一人の「育てたい力」を反映させた授業づくりや授業改善を進めるにあたり、どのように「育てたい力」を設定し、どのように授業と関連させ、授業改善に取り組んだのかについて説明します。

　日々の授業実践を進める中で、児童生徒にどのような力をつけることを目指しているのかを教員一人一人が付箋に書き出し、カテゴリーに分けました。その結果と福祉施設と保護者へのアンケートの結果から整理した「育てて欲しい力」とを照らし合わせて、社会からの視点と教育の視点を融合させた各類型に

準ずる教育課程	知的代替 教育課程	自立主 教育課程
伝え合う	人とかかわる	伝える
支援を求める	役割を果たす	気持ちの安定
かかわりを広げる	身の回りのことを自分でする	かかわる
自分で行う	きまりやマナーを守って行動する	役割を果たす
やりとおす	判断する	支援を受け入れる
自分で（選択）解決する	楽しむ	見通し
楽しむ	仕事に関心をもつ	選ぶ
自分を見つめる		楽しむ
		身体の動き
（基礎①）基礎学力	（基礎①）基礎的な学力をつける	（基礎①）認知
（基礎②）体力	（基礎②）健康な身体をつくる	（基礎②）健康

図1　「育てたい力」（青一養版）

おける「育てたい力」（青一養版）（図１）を設定しました。設定にあたっては、学部のつながりを考え、学部を超えて類型共通としました。

それらを整理した結果、全ての教育課程から共通項目として「基礎学力」「基礎的な学力」「認知」といった学力、認知に関する項目、「体力」「健康な身体」「健康」といった健康、身体、体力に関する項目が導き出され、それぞれを基礎①「学力・認知」、基礎②「健康・身体・体力」とし、基礎となる「育てたい力」として捉えることとしました。また、「育てたい力」（青一養版）と本校の個別の教育支援計画と個別の指導計画との関連を図２のように位置付け、それぞれが独立したものではなく、つながっているものであることを明確にしました。

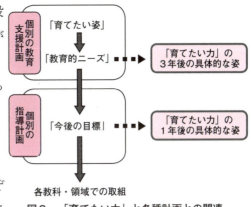

図２　「育てたい力」と各種計画との関連

❸ 実践例とその結果

（１）対象生徒Aの「夢」や「願い」に応じた「育てたい力」

対象生徒Aの「夢」や「願い」については、生徒が自分で主張したわけではありませんが、普段の様子や好きなこと、保護者の願い等から、かかわる教員間で検討し、図３のように設定しました。また、生徒Aの実態（図４）から、どのような力を育んでいけば良いのかについて検討し、生徒Aの「育てたい姿」として「自分の意思（自発的な要求、音声言語による簡単な質問に対する応答）を誰にでも分かるように伝達する」と設定しました。

＜対象生徒Aの「夢」や「願い」＞

たくさんの人と一緒に会話をし、かかわりあいながら楽しく過ごしたい。

＜予想される将来の生活＞

デイサービス等で、たくさんの人とかかわりあいながら楽しく過ごしていく。

図３　生徒Aの「夢」や「願い」、将来像

＜人とのかかわり＞
- 人に視線を向け、声を出すなど自分から働きかけるような様子が見られる。
- 他者とのかかわりの中で、視線を向け、笑顔になるなど人とのかかわりを好んでいるような様子が見られる。

＜やりとり＞
- 「はい」という返事はできるものの、何をきいても「はい」と応えることが多い。

※本実践に関連する主な実態

図４　生徒Aの主な実態

図５　育てたい力と学習活動との関連図

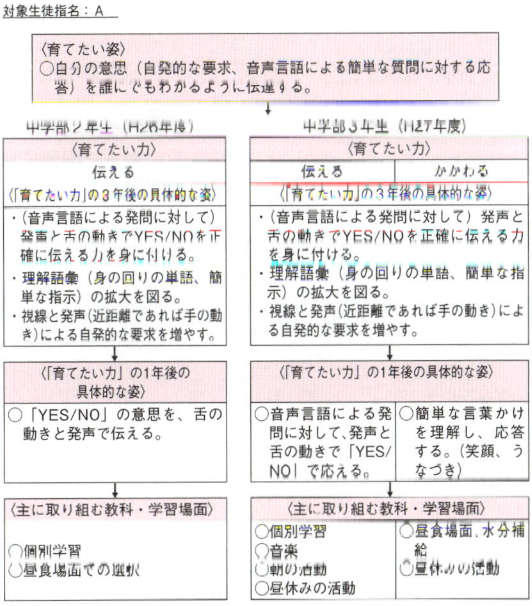

その「育てたい姿」を受け、中学部2学年では、自立活動を主とする教育課程の「育てたい力」の中から「伝える」に注目し、「『育てたい力』の3年後の具体的な姿」「『育てたい力』の1年後の具体的な姿」を設定しました。さらに、中学部第3学年では、「伝える」に加えて、「かかわる力」も「育てたい力」として加え、取り組むこととしました。図5は、「育てたい姿」から「育てたい力」を経て、「主に取り組む教科・学習場面」までのつながりを示したものです。

（2）指導の実際

「育てたい力」の3年後の具体的な姿を達成するために、1年間で取り組む内容について、実態等を踏まえながら検討をしました。その結果、舌を出す動きは意図的にできることが分かり、「NO」を伝える手段として活用できるのではないかと考え、「育てたい力」の1年後の具体的な姿を「『YES/NO』の意思を、舌の動きと発声で伝える」と設定しました。さらに「育てたい力」の1年後の具体的な姿を受けて、目標を「YES：『はい』と発声、NO：舌を出す」とし、授業実践に取り組むこととしました。指導にあたっては、発声しやすい姿勢、ものを視覚で捉えやすい位置等、本生徒の障害の状況に合わせた姿勢、提示位置などについても配慮しながら行いました。実践の経過は以下のとおりです。

実践① 「好きな飲み物と嫌いな飲み物」（好きなものと嫌いなもの）

〈表出〉	〈経過及び結果〉
YES：飲みたい 　　→「はい」と発声 NO：飲まないとき 　　→舌を出す	好きな飲み物と嫌いな飲み物の具体物を提示し、表出を促しました。嫌いな飲み物を提示し、飲むか尋ねると、確実に舌を出して飲まないことを伝えることができるようになりました。

実践② 「好きな飲み物と好きな食べ物」（好きなもの同士）

〈表出〉	〈経過及び結果〉
YES：飲みたい 　　（食べたい） 　　とき 　　→「はい」と発声 NO：飲まない 　　（食べない） 　　とき 　　→舌を出す	好きな飲み物と好きな食べ物の具体物を提示し、表出を促したところ、両方に対して「はい」と答えたり、舌を出したすぐ後に「はい」と答えたりするなど曖昧な表出が多く、実践①のような明確な表出に結び付きませんでした。そこでVTRで取組を振り返り、教員と生徒Aの細かなやりとりを記録し、その中で、教員の言葉かけや『舌を出すことの意味』に注目し、下表のような意味となるように言葉かけを変更しました。その結果、「舌を出す」ことの意味を理解し、好きなもの同士でも発声と舌の動きで明確に相手に伝えることができるようになりました。

〈舌を出すことの意味〉

実践① （好きなものと嫌いなもの）

「嫌だ」という意味
好きなものと嫌いなものから選択するため、嫌いなものに対して「嫌だ」が成立する。

→

実践② （好きなもの同士）

「嫌だ」から「違う」という意味へ
好きなもの同士からの選択のため「嫌だ」が成立しない。「違う」という意味になるような言葉かけをする。

（3）本実践のまとめ

生徒Aの「育てたい力」を明確にし、教員全員で共通理解したことで、学校生活全般において同様の視点でかかわることができ、確実な定着に結び付けることができました。また、家庭・施設など実生活場面と日々の取組とのつながりも明確になり、様々な場面で共通認識のもとで指導にあたることができ、生徒も混乱することなく確実に力をつけること

ができたと考えます。

　また、肢体不自由特別支援学校の自立活動を主とした教育課程で学ぶ子どもたちも「いろんな話をしたい」「こんなことを伝えたい」など内に秘めた「思い」はたくさんあると考えます。その表出方法が発声やうなずき、身体表現などです。我々教員がその小さな表出を確実にキャッチし、言語化して返していくことが、子どもたちの意欲となり、将来の充実した生活につながると考えます。

❹ まとめ

（1）成果と課題

　自立と社会参加につながる力として「育てたい力」を明確にし、キャリア教育の視点で一つ一つの授業を捉え直したことで、それぞれの授業のつながりをより意識することができました。また、児童生徒一人一人の夢や願いに応じた将来の姿から、３年後、１年後と「育てたい力」を具体化し、どのような場面でそれらの力を育んでいくのかを関連図として示したことで、どのような姿をイメージして現在取り組んでいるのかが明確になり、指導の系統性を図る一助とすることができました。課題としては、「育てたい力」に対する評価をどのように蓄積し、１年後の評価につなげていくのかについての検討が不十分でした（H28〜H29校内研究で研究中）。また、授業レベルで取り入れたキャリアの視点をどのように教育課程レベルに位置付けていくのか、「育てたい力」を小学部・中学部９年間でどのように育んでいくのかなどの課題が残りました。

（2）おわりに

　本校は、小中学部のみの肢体不自由特別支援学校ですが、早期からのキャリア教育が重要と考え、実践してきました。「ライフキャリア」の視点が強い取組ではありますが、子どもたちにとって「生活面」の充実は必要不可欠であり、重要であると考えます。今後も児童生徒一人一人の将来の姿を見据えながら今必要なことは何なのかを考え、児童生徒一人一人のキャリア発達を促す取組を積み重ねていきたいと考えます。

●参考文献
独立行政法人国立特別支援教育総合研究所（2011）特別支援教育充実のためのキャリア教育ガイドブック　ジアース教育新社
飯野順子（2013）障害の重い子どもの授業づくりPart5　ジアース教育新社
渡邉昭宏（2013）みんなのライフキャリア教育　明治図書
自立活動の授業deライフキャリア教育―キャリア発達を支援する手立てと授業づくり　明治図書

Comment

　本実践のように、児童生徒に対して、学校としてどのような力を育むか、教員間で共通理解を図って指導を展開していくことは重要です。さらに、指導で取り上げるべき事項が明確になっていたからこそ、対象生徒の細かな動きを見逃さず評価し、指導を発展させることにつながったと思います。さらなる指導の充実に期待します。

（北川貴章）

第2部　実践編　■　自立活動の指導

21　重複障害児の自己表現を叶える支援機器等の活用方法
～「できた！」という気持ちから、「伝えたい！」という気持ちにつなげよう～

札幌市立北翔養護学校　教諭　大塚　友美

●中学部　自立活動

Keywords　①支援機器の活用　②コミュニケーション能力の向上
③「できた」という達成感・成就感

思考力　★★
判断力　★
表現力　★

1　実践事例の概要

　本校は、自力で移動できない肢体不自由と重度の知的障害が重複している生徒が通う学校です。通学には、保護者が付き添いをすることが原則になっています。ICT機器を含む支援機器を、将来の生活を豊かにしていくためにどのように取り入れていくと良いのか、どのように活用していくことが可能かについて、実践・検証を重ねてきました。今回は、生徒が受け身ではなく、自らより積極的に何かを行うことで達成感・充実感を味わうこと、そこから可能な自己表現の方法を身に付けていくことを目指した実践についてまとめました。

2　授業改善のポイント

（1）対象生徒の実態

【対象生徒】　中学部2年生　男子　Aさん
【診断名】脳性まひによる両上下肢機能の全廃及び座位不能な体感機能障害
【Aさんの実態】

・簡単な操作動作を伴う活動では、注意が向けられて能動的に活動できる。
・目で見て判断するだけの教材は、注意を向けることが難しい。
・言葉のやりとりの中で、発声や表情でyes/noを伝えることができる。
・新しい環境では人見知りをすることがある。
・家族には自分から背這いで近寄っていき、顔を触ることなどがあるというが、学校での生活では受け身なことが多い。
・中1までの学習の中でVOCAにつないだビックスイッチを押して、給食のメニューを発表したり、集会で挨拶をしたりする経験を積んでいた。

（2）実践を行う上での仮説

以上の実態から授業を進めていく上で、以下の3点の仮説を立てました。

- 「自分でできた」という経験を積むことで、より積極的に活動することができる。
- 「自分で伝える」経験を積むことで、自分から発信することの楽しさ、人とかかわる楽しさを知ることができる。
- VOCA等の支援機器を活用することで、将来の生活でも"自分で伝える活動"を行うことができる。

❸ 実践例

【実践1】「自分でできた！」という経験を重ねるために

　自発的な動きで、様々なことができるという経験を積むために、様々な学習場面でスイッチ教材やひもを引っ張る等の簡単な操作で生徒の活動を支援する機器を活用しました。実際に直接物に触る経験を大切にしながらも、"一人でいつもと違うことができる""自ら働きかけた結果が視覚・聴覚の刺激として自分に入ってくる"ことを生徒が意識できるように、教材の工夫をしながら学習を行いました。

①光を探そう	②和音を弾こう	③ボウリング	④雪の世界

視覚的な支援をするため、斜めに設置したスクリーンテントに映像を映しての学習。スイッチを押すと映像や色が変わる。	3音を同時に鳴らす補助具を使って、合奏に挑戦。	ひもを引っ張るとボウリングの球が転がるようになっている補助具を使用。本物のピンと球を使用することで音の迫力あり。	工房いすが一台入れる程度の簡易暗室。真っ暗な中、手元のスイッチを押すとブラックライトが光り、送風機から風が流れることで雪の結晶が光り、揺れる。ひもを引くと鈴が鳴り、紙吹雪が上から落ちてくる。

〔成果〕

　今まで教員と一緒に行ってきたことが「自分でできた」ことによって、表情等にも達成感が表れました。また、何度も繰り返す中で動きの精度が上がり、教員の介助が少なくても自分でできる場面が増え、教材を提示すると手を動かして教材に働きかけようとする場面が増えました。特に「④雪の世界」では、1m20cm四方の暗幕を張った個室の中で一人になることにより、自ら何度もスイッチを押そうとする手の動きが見られ、送風機の音と周囲の環境の変化を確認しようとしていました。

【実践2】伝える経験を重ねるために（校内での活動）

　「自分から伝える経験を積む」ことを目標にVOCAを利用した2つの学習に取り組みました。

① 「保健室の養護教諭・看護師さんに伝えよう！〜毎朝の積み重ね」

　毎朝、玄関で前日のデイサービスや家庭での出来事、その日の授業で楽しみなことなど

を、教員と一緒にVOCAに吹き込み、生徒が保健室の職員に伝えることを継続して行いました。家庭やデイサービスのことなどは、保護者からメモをもらい事実を確認しながら録音しました。

② 「いろいろな人に聞いてみよう～VOCAを使用した取材活動」

教員が作ったいくつかの質問（「おすすめの絵本」「好きなお寿司のネタ」など）の中から本人が返事したものを1つ選び、教員と一緒にVOCAに録音し、学校にいる大人（教員・事務職員・保護者・学校見学の来校者など）に質問をする活動を継続して行いました。

〔成果〕

ア）VOCAに録音するときの変化

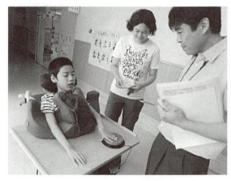

VOCAを使用した取材活動の様子

・最初は教員が録音する言葉の語尾を一緒に発声するように促しても、力が入って声を出すことができませんでしたが、回数を重ねるごとに一緒に発声をして録音することができるようになりました。また、録音する内容については、本人の本当の意思であるか不明なことが多いのも事実でした。しかし、本当に納得していないと録音するときに声を出さないことがあったので、返事したことを本人の意思と判断して進めていきました。継続していく中で、選択肢の中に聞きたい質問がないときは、返事をしないことにより自分の意思を伝えることも見られました。

イ）伝える場面での変化

・保健室の前や質問をする人の前に行くと、自分からスイッチに手を伸ばして、質問をすることができるようになりました。また、やりとりが楽しくなり、録音されていた内容に関して相手から簡単な質問を返されたのに対し、声を出して答えたり、スイッチを押した後にも声を出して伝えたりしようとすることが増えました。

・質問をして相手が答えている間は、VOCAに次の言葉が入っていてもスイッチを押さないで待っていることが増えました。

・最初は初めての場所（校長室・事務室・職員室など）に緊張してしまう様子も見られましたが、回数を重ねるうちに環境を把握する時間も早くなり、自信をもって活動に取り組むことができるようになりました。

【実践3】いろいろな人に伝える経験を重ねるために（校外での活動）

校外学習や宿泊学習を利用し、校外でも取材活動を行いました。聞いてきた内容や感想を学校に戻って、教員や友達に伝えました。

① 「デパ地下で調べよう！～おすすめの商品は？」

校外学習でデパートの地下に行った際に、ジュースバーとアイスクリーム屋さんに行

き、「おすすめの商品を教えてください。」と店員さんに取材をしました。また、それぞれの店でジュースとアイスを注文して買ってきました。

② 「立ち食い寿司屋で調査＆大好物の寿司を食べよう！」

宿泊学習の新千歳空港での自主研修では、事前学習でいろいろな店があることを勉強した後 "立ち食い寿司屋に行くこと" を担当の教員と相談して決めました。当日は、店員におすすめのネタを教えてもらった後、おこづかいで大好きな「穴子の握りを一貫」注文し、食べることができました。

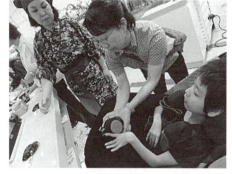

立ち食い寿司屋で注文するAさん

〔成果〕

館内放送や雑音など、音の刺激が多い場所では、緊張してしまう様子が見られました。しかし、いつも学習している内容ということもあり、取材活動に関しては自信をもって取り組むことができました。宿泊学習では、自主研修の行き先を決めるときに教員がいろいろな選択肢を伝えても、"立ち食い寿司屋に行きたい" という気持ちを曲げずに学習に取り組むことができました。大好物の穴子の寿司を食べることができて満足げな表情も見られ、達成感を感じることができました。

❹ まとめと今後の課題

この実践は、「自分でできた！」「自分で伝えられた！」という達成感をもつことで、より積極的に活動すること、自分から人にかかわる力をつけることを目標にして取り組んできました。自分で発信することや人とのかかわりの楽しさを感じることができているのではないかと、活動しているときの表情等からうかがえます。今後は、ここからどのように生活につなげていくのかが課題になると考えています。例えば、デイサービス等の他機関と連携し、本人とVOCAを通して、活動内容等の情報のやりとりをするなど、人間関係がより拡がる方法を見つけていきたいと考えます。

Comment

児童生徒の力を引き出そうという思いが強すぎて、つい児童生徒の身体を他動的に動かしてしまったと授業後に反省する先生もいらっしゃるかと思います。本実践では、生徒自身が「自分で動かした！」という体感をともなう活動になるよう授業改善を行いながら、スイッチ等の因果関係を気づかせていったプロセスなどが参考になります。　　　　　　　　　　　　　（北川貴章）

第2部　実践編　■　自立活動の指導

22 途切れのない自立活動の指導を目指した取組
～児童生徒の学び・活動を「つなぎ」、「引き継ぎ」、「高める」ための実践～

三重県立度会特別支援学校　自立活動教諭　中野　正尚

●小学部・中学部・高等部　自立活動

Keywords
①チーム力を生かす取り組み
②引き継ぎ資料の作成と活用
③自立活動の指導の広がり
④12年間の積み上げの成果と課題

引き継ぎ資料の作成に関する取組の紹介です。

① 実践事例の概要

　自立活動の指導において、大切な視点の一つとして、入学（小学部）から卒業（高等部）まで継続して途切れのない指導、実践が挙げられます。自立活動の指導における本校の課題として、学年、学部、または担任、担当が変わると、これまでの指導が途切れがちになることが見られました。その原因として、教員間の連携、児童生徒の引き継ぎがうまく機能していないことが考えられました。そこで、一人一人に応じた自立活動の指導の軸がぶれず、系統的に取り組めるシステム・視点の構築を目指した本校の取組を紹介します。

② 授業改善のポイント

（1）毎日のクラスの話し合い

　本校では、児童生徒の下校後、毎日欠かさず各クラスで10〜15分の話し合いを行っています。一日の振り返りの中で、児童生徒の気になった様子等、その日のうちに課題を解決し、次の指導に生かしていくことを大切にしています。

　ここでの話し合いを通して、教員同士の率直な意見、情報交換が行われ、チームワークの根底を築き上げる重要な機会となっています。「全てはここから」という意識が年々高まり、全ての教育活動は、この場から始まり、様々な活動につながっています。

クラスの話し合いの様子

（2）引き継ぎ資料＝申し送り表の作成

　途切れのない指導の充実に向けて、校内研究を通して、個別の自立活動を中心とした取組内容について、『目標』『取組内容と成果』『留意点』『評価・次年度へ引き継ぎたいこ

と』を、写真等を活用しながら全児童生徒について毎年、担任団が作成していくシステムを構築しました。

作成ポイントとして、以下の6点を大切にしています。

- ・記入は箇条書きで簡潔に分かりやすくしましょう。
- ・誰もが分かるような表現を：専門用語はなるべく控えましょう。
- ・記入に際してクラス内で検討・相談を必ず行いましょう。
- ・校内・校外専門家（理学療法士、作業療法士、言語聴覚士）とも相談しましょう。
- ・写真や図の挿入を中心とし、次年度の取組の参考となるように作成しましょう。
- ・用紙サイズはＡ３サイズ、枚数は１枚としましょう。

（3）自立活動に関する資料の整理

これまで統一性に欠けていた全児童生徒の自立活動に関する資料を整理し、実態や発達的な成長を客観的に把握すること、自立活動の時間の指導だけでなく、学校生活全般の指導に活用することを目的としてファイルを作成、更新していくようにしました。

ファイルする資料は、以下の5点としています。

- ・からだの写真：毎年、様々な姿勢の写真を記録
- ・整形検診の記録：全児童生徒に整形検診を行い、小児整形外科医の所見を記録
- ・校外専門家（理学療法士、作業療法士、言語聴覚士）との連携ツール資料
- ・医療機関での訓練資料、車いす・装具の調整及び修理資料等
- ・申し送り表（引き継ぎ資料）

3 実践例

（1）申し送り表の作成に向けて

毎日のクラスの話し合いを通して、その日の児童生徒の取組等における、良かったことや反省点が挙げられます。その一つ一つのことを話し合いで終わらせず、明日、または次回の授業で写真や映像を通して記録し、検証していく積み重ねを意識していくことが、申し送り表作成の土台となり、日々の指導の幅の広がりにもつながります。

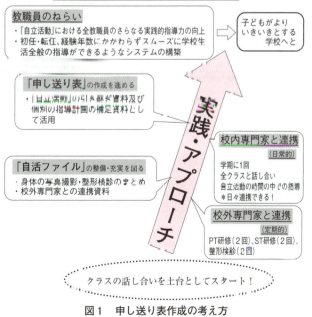

図1　申し送り表作成の考え方

第2部　実践編　■　自立活動の指導

（2）申し送り表の概要

『申し送り表』

(中)学部　(1)年　児童・生徒名（ S・M ）　担任名（ N・M、I・S、U・Y、N・Y ）

	一学期	二学期	三学期
1.中心課題	・スタンディングボードでの立位、歩行器で歩く練習を継続して行い、下肢の筋力の維持、向上を目指す。同時に、体重を減らしていくことにも取り組んでいく。（①～③） ・手指の巧緻性を高める。（④～⑤）	→	

2. 取組内容

①朝の運動（自活室）：朝の会の前に

＊約20分四つ這い運動を中心に

＊ボール投げも得意です！！（少し息抜きに）

②歩行器（ペーサー）での取組

＊自活（個人・5限目）に廊下や体育館を30分程歩く。側・後方からの見守りが必要⇒壁に当たったりすることがある。
リードをつけると交互に出やすい。⇒着けなくても上手に歩けるようになってきた。

もう一台歩行器を持っている。施設で使用している。次年度からは、学校でペーサーと併用する予定。

③スタンディングボードでの立位

自活（個人・火曜6限）に取り組んだ。今後は、生単、かず等で取り組んでいくことも検討。週に2～3回できるとよい。

取組内容

＊膝、背中が伸びていることを確認する！！
＊安全面を考慮し、ヘッドキャップを使用する。
＊立つと排尿しやすいこともあった。

④牛乳パック開き（朝の係り活動）

少し切れ目を入れてから手渡す。両手を使うことを意識させる。

上手に開いたときは、ほめるようにする。
＊開いた後は、給食室までバケツに入れて持っていく。

⑤牛乳パックを乾かす（お昼休み）

少し固定してあげるとピンチ動作がしやすくなる。

時々、うまくはさめないことがあるが、再度挑戦する。

3. 評価と次学期・年度へ引き継ぎ事項

☆車いすの操作練習

1学期より少しずつ取り組んできた。3学期には、ほぼ中央廊下～教室まで自分でこいで来れるようになった。
左へ行く傾向があり当たったときの修正は練習中。お願いと言うこと、バックで直すことの2つを練習。
＊次年度も取り組み、朝の登校、給食後等に行うと効果的である！！

☆授業等の活動について

右手を押さえることがポイント

両手を使うことを大切に！
＊何事にも集中して取り組める。両手を使うこと、見ることが大きな目標。一つ一つの活動においては、終わりをしっかり伝えるとスムーズに終えることができる。

☆トイレについて
・手すりを持って、90度回転して便座に座る。
・便座に座るときは深く腰を掛け、ゆっくり膝を曲げることを意識させる。
・踏ん張りが弱く膝から崩れ落ちてしまうことがある。⇒しっかり体幹をサポートをしておく。

・連絡ノートに朝の排尿の様子が○×で、お母さんより示されているので確認する。
・トイレに行くときは、本人と確認し合うことを大切にする。
・1日のトイレ回数、様子をノートに記録し、情報を共有し合う。

図2　申し送り表の例

❹ 授業改善の成果と課題

（1）成果①：みんなで考え、取り組む自立活動へ

　毎日のクラスの話し合いは、教員間の連携はもちろん、信頼関係を築くきっかけとなっ

114

ています。一人一人教員の指導観を認め合う中で意見を交換し合い、みんなで考え、実践する自立活動へと発展してきています。結果として、一人一人の児童生徒に対して、チームで取り組む意識が高まってきました。

（2）成果②：活用力のある引き継ぎ資料へ

申し送り表においては、作成することが目的ではなく、いかに活用していくかということが大切です。特に新しく担任または担当となった教員が分かりやすく、何度でも見て、聞いて取組を高めていくことが大きな目的です。そういった観点において、申し送り表及び自活ファイルの他の資料を含め、それらを教員間の指導のツールの一つとして活用できています。

（3）成果③：児童生徒が分かる、やってみたい自立活動へ

小学部入学から高等部卒業まで、申し送り表は12枚積み上げられていきます。1年間の取組が系統性をもって引き継がれていくと、例えば「何のために歩く練習をしているのか？」「どうして右手を使うと良いのか？」等、児童生徒自身の気づきを促し、その結果「分かった！」「もっとこうしてみよう！」と自分で考える力がついてきていることが多く見られるようになってきています。

（4）課題：各教科との関連性の見直し

本取組を通して、生活上の困難さへの視点は充実してきていますが、学習上の困難さ、特に教科学習における視点をどうもつか、個別の自立活動での取組、培った力をいかに教科学習につなげていくかということが次の課題となっています。まずは、クラスの話し合いから様々な意見を出し合い、クラス⇒各学部⇒学校全体で取り組んでいきたいと考えています。

❺ まとめ

「毎日のクラスの話し合い」の中でとにかく意見を出し合い、日常の指導に生かすこと、そして言葉を形に変えて、自分たちの取組を系統的に、または学部横断的に伝えるための「申し送り表の作成と活用」が、途切れのない指導の充実につながってきています。また、教員全員で、継続可能で分かりやすい取組を行うことも大切なポイントとなります。

Comment

日々の指導を振り返って、教員間で情報交換を行うシステムが確立しているとこに感銘を受けました。自立活動の指導の指導目標や指導内容を導き出す過程において、生活上・学習上のつまずきや困難点に着目することが必要不可欠です。課題にも記されていますが、是非学習上のつまずきや困難点にも着目して、指導をより充実させていってください。　　　　　　　（北川貴章）

23 教室で生きる自立活動の指導実践
~テーマ設定の学習による子どもの主体的な学びを高める工夫~

筑波大学附属桐が丘特別支援学校　教諭　杉林　寛仁

●小学部・中学部・高等部　自立活動

Keywords　①時間の指導と学習・生活場面のつながり
②育てたい力　③主体的な学び　④教師の専門性

思考力 ★★★
判断力 ★★
表現力 ★

1 実践事例の概要

　自立活動の時間の指導で設定される目標の多くは、運動・動作の改善、呼吸、排痰、嚥下の促進、触感覚や運動感覚の発達、認知発達の向上など、個別の指導計画に基づき設定され、どれも欠かせないものです。一方で、児童生徒自身が生活場面や学習場面とのつながりをイメージしながら自己の課題を捉え、主体的に学習課題に取り組むことが難しい様子も見られます。また、指導者においても同様に教室場面とのつながりを明確にした自立活動の指導が望まれます。そこで当校では、自立活動の時間の指導と生活・学習場面をつなぐためのツールとして「テーマを設定した学習」を試みており、その実践について紹介します。

2 授業改善のポイント

(1) 小・中・高の各部で「育てたい力」の整理

　学習指導要領をふまえて個々の児童生徒の自立活動の指導目標を分析し、当校の児童生徒に自立活動で「育てたい力」を整理しました。

ア）自分の健康の状態、身体の状態、認知の特性について知る。（自己）
イ）物理的環境や人的環境、活動内容が変化しても対応できる方法を知る。（環境）
ウ）1日や1週間の流れの見通しをもって、自分に合った過ごし方を計画できる。（時間）
エ）そのときに必要な情報を選び取って、自分に役立てる方法を知る。（情報）

　これらの4つの育てたい力は段階性を示しているのはなく、どの発達段階にも必要な要素として捉えています。

（2）テーマの設定による授業展開

4つの育てたい力を拠り所とし、個々の児童生徒の指導目標に応じてテーマを設定し、自立活動の時間の指導における個々の目標と学習・生活場面を結び付けながら授業を進めました。

> 実践例①小学部「普段の自分の姿勢について考える（教室での学習姿勢）」※ア）
> 実践例②中学部「定期テストや学校行事の前後の自分について」※ア）ウ）
> 実践例③高等部「自分の説明書を作ろう（職場実習）」※ア）イ）エ）
>
> ※は特に重点を置く「育てたい力」を示しています。

設定するテーマは、個の実態と目標に照らして、4つの育てたい力のどこに重点を置くかという視点と、児童生徒にとって身近で見通しがもて、学習姿勢、学校行事、職場実習などとテーマとなる場面をどのように広げていくかという視点をもつことで、主体的な社会参加に向けて小・中・高の各段階を一貫した見通しの中で指導を進めていくことができると考えます。

◆テーマ設定による授業の主な流れ

①から⑤までのサイクルを繰り返し、また行き来させながら、授業や生活場面での気づきを鋭敏にし、自立活動の時間の指導における自己の目標や方法、評価が明確になっていく流れになっています。また、そのサイクルを繰り返していくことで、実際の生活においても学んだことを生かそうとする力が育っていくと考えました。

❸ 実践例（小学部の実践）

◇設定したテーマ『普段の自分の姿勢について考える（教室での学習姿勢）』

～テーマを設定した学習の一連の流れ～

①床に降りたときや学習時の自分の姿勢について、写真を見ながら気づいたことを友達同士で出し合い、どうなると良いかについて意見を出し合いました。「背中が丸まっているね」「書いているときは脚が伸びちゃうね」「だから字が曲がっちゃうのかな」など、普段の姿勢について様々な気づきが見られました。

②対象児は授業担当教員と相談し、学習場面で「もっと字をうまく書きたい」「背中を真っすぐにしたい」という本人の願いを加味して、自立活動の時間で「お尻をどっしり座れるようにして、背中を真っすぐに伸ばすことできること」を目標に立てました。

③自立活動の時間における主な学習内容を以下のように設定しました。

	学習内容
テーマ学習（集団）	○学習時及び床での姿勢の写真をもとに、自分や友達の姿勢について気づいたことを発表しあう。 ○どこがどんなふうになると良いか考える。 ○定期的に写真を撮り、前回の様子と比較する。
個別の学習	○緊張のコントロールの学習：足首、腰、体幹を中心に臥位、座位、立位姿勢で学習する。 ○いす座位での腰・背中の動きの学習 ○授業の前後で特定の姿勢の比較

④書いていると背の丸まりや脚の伸展は見られますが、少し背中に触れてもらうと自分で気づいて姿勢を整えようとする様子が見られるようになってきました。

⑤学期末に同じように写真で学習時の姿勢について振り返りました。年度の後半には学習場面や自立活動の学習場面での姿勢の変化が顕著に見てとれ、時間の指導については、自分の体の動きや姿勢に対する評価や対応の仕方も上達してきました。

❹ 授業改善の成果と課題

テーマ設定による授業の成果について児童生徒の内省報告や観察から、生活場面・学習場面と自立活動の時間の指導場面で、それぞれ以下のような変化が見られました。

・学校生活場面における自己の姿勢や動きへの意識が向上した。
・自己の課題を改善したり、自ら環境を整えたり、周囲の人に支援を求めたりすることで、生活場面や学習場面がより良くなることを体験的に理解しやすくなった。
・自立活動の時間の指導に取り組む目的意識や主体性が高まった。
・自立活動の時間の指導の取組と生活場面や学習場面の変化を結び付けた自己評価がしやすくなった。

❺ まとめ

卒業後は、自分の障害等による難しさや必要な配慮について理解している人は周りにほとんどいません。卒業後の変化する社会で自分に必要な環境や状況に対して自分で判断したり調整したりしていく力を身に付けていくために、児童生徒自身が時間の指導と教室などの生活場面とのつながりをもって学べるような工夫が必要です。

個々の目標に対し、テーマを設定した取組は、児童生徒自身が自立活動の時間の指導と生活場面とのつながりを意識し、両方の場面を行き来しながら自己評価、自己選択、自己決定を繰り返すことにつながりました。また、実際の生活場面での成果も実感する場面を設けたことは、より主体的に自立活動の時間の指導に取り組みやすくなる工夫の一つであったと考えます。テーマを通して生活場面を具体的に意識することで自己の時間の指導での課題がより明確になり、必要な学習内容を考え、自分で確かめながら学ぶ力が育まれていると感じています。

また、これまでの実践の振り返りから、指導者においても自立活動の指導と教室場面がつながり、授業のPDCAサイクルと学校生活全体でのPDCAサイクルがつながりやすくなることも期待できるのではないかと考えています。教師の自立活動の専門性を向上させていく上でも一つの工夫になると考えます。今後も「教室で活きる」を手がかりに「卒後の生活で活きる」自立活動を目指して実践を重ねていきます。

● 参考文献
筑波大学附属桐が丘特別支援学校（2016）研究紀要 第52巻

Comment

本事例は、学校における自立活動の指導について、自立活動の時間における指導はもとより、学校の教育活動全体を通じて効果的に指導を行うことについて提言しています。各校においては、自立活動での学習が、将来の自立や社会参加にどのように結び付いていくのか、児童生徒が自らその関係を理解し、学習に取り組むことができるよう工夫してほしい。　　　　（分藤賢之）

第2部　実践編　■　自立活動の指導

24　子どもの主体的な学びを実現する環境を考える
～スパイダーわかくさバージョンの4年間を振り返って～

高知県立高知若草養護学校　教諭　長尾　あゆみ

●小学部・中学部・高等部　自立活動

Keywords　①自主的　②移動式スパイダー　③ADLの向上

思考力　★
判断力　★★
表現力　★★

1　実践事例の概要

　本校では、児童生徒が楽しく効果的に姿勢や運動の学習に取り組むことを目指し、平成24年度から重力軽減環境訓練システム（校内では「スパイダーわかくさバージョン」（以下、スパイダー）と命名）を設置して、実践を進めています。現在では移動式1台を含む計4台を設置し、取組の充実を図っているところです。

　平成29年7月現在、在籍する68名のうち63名（約93％）の児童生徒が週1～2回程度取り組んでおり、毎日継続している児童もいます。「ADLの自立度を高める」「ダイナミックな遊びの中で身体の動かし方を知る」「筋力や持久力をつける」などを主な目的として、これまで4年半の実践を重ねてきましたが、児童生徒の身体の動きの変化や意識の変化を通して、本取組が効果的であると実感している内容について紹介していきます。

2　授業改善のポイント

（1）目的
・「される」から「する」活動を通して、児童生徒の自主性、主体性を育む。
・生涯にわたって健康で豊かに活動できる心と身体をつくる。

（2）支援のポイント
・楽しみながら活動できる工夫を行う。
・児童生徒の自主的な動きを大切にしながら、課題にチャレンジしていく。

（3）考えられる効果
・自分で動き方を試行錯誤し獲得することができる。
・安心して楽しみながら思いきり身体を動かすことができる。
・低負荷高頻度の動きを繰り返し、筋力や柔軟性を高めることができる。

（4）移動式スパイダーの開発
　実践を重ねるにつれ、児童生徒によっては運動量を増加したり活動のバリエーションを

増やしたりして歩行の安定につなげるという次の段階の実践内容を検討する必要性がでてきました。そこで、非常勤理学療法士（学校配置）とも協働して、移動式のスパイダー（写真1）を開発することとし、歩行の安定や下肢の運動量の増加、さらなる自主性や主体性の育成、自分の意思と身体で目的を達成する喜びを実感することをねらいとしました。開発に当たっては専門家の助言を受けながら、安全面、強度などに留意して作成を行いました。試行の段階において児童生徒の積極性や意欲的な面が随所に見られ、新たな可能性に手応えを感じた瞬間でした。

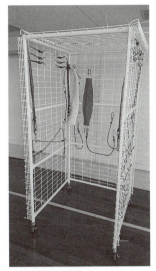

写真1　移動式スパイダー

❸ 実践例

【事例1】移動式スパイダーを用いた歩行練習

児童Aは小学部2年生の男子。診断名は精神運動発達遅滞、入学当初はPCW（姿勢制御歩行器）で歩行練習をしていました。しかし、上肢や膝は突っ張ったままで腰が反りやすく、左右への体重移動があまり見られないままに両足を振り出していました。廊下の角を曲がることも難しく、常に教員が介助する必要がありました。もっと柔軟に体を使った歩行を獲得してもらいたいというねらいをもって、PCWと並行して移動式スパイダーで校内を歩くことを日課としました（写真2）。

移動式スパイダーは、スパイダー同様、本人のバランスが崩れてもゴムの張力により転倒の恐れがありません。また、移動式スパイダーを使って歩くたびに、バランスの崩れ方が違うため本人が臨機応変

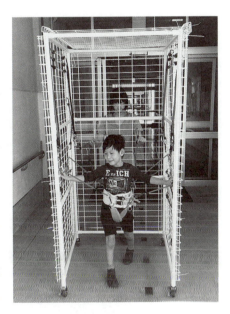

写真2　移動式スパイダーで
校内を歩く児童A

に身体のバランスを取らねばならず、能動的に歩行時の体重移動を学習することができます。これにより現在では、つかまり立ちから自分の好きなおもちゃに向かって手を伸ばし、一人で1、2歩足を出せるまでになりました。また、歩行器（クロコダイル）を使って、自由に方向を変えながら教室や食堂へ移動できるようにもなりました。自ら「こちらに行きたい」と考え、歩いて進んでいくという思考力や表現力を育むことにつながったと考えています。

【事例２】身体の緊張をコントロールする力をつける

　生徒Bは高等部３年生の男子。診断名は脳性まひです。顔面、体幹を含めた全身に常に緊張が入り、自身では力を抜くなどのコントロールが難しい状態でした。そのため、車いすの背もたれに身体をしっかりあずけることができず、座っていてもリラックスできていないような印象でした。

　スパイダーでは、ゴムの張力により自身の身体の重みや余計な緊張を減らすことができ、本人にとっては最小の負荷で良い姿

写真３　スパイダーを装着し、体の力を抜く生徒Ｂ

勢をとったり力の抜き方を学習できます。当初は身体に強く力が入り、指を握りこんでしまい手を伸ばす動きが難しかったのですが、何度も繰り返すうちに、スパイダーを装着すると自分から力を抜き、後方で介助している教員に身体をゆだねたり、頸の緊張などをコントロールすることができるようになってきました（写真３）。自分でも身体の緊張をコントロールすることができるようになってきたことが自信につながり、現在では電動車いすの操作にチャレンジしています。また、「スパイダーをもっとやりたい」と積極的に教員に伝え、意欲的な姿が見られています。

【事例３】安定した立位により身体の中心軸をつくる

　生徒Cは中学部２年生の女子。診断名は脳性まひです。もともと身体の緊張が低く、直立位の保持や立位から足を出すなどの運動が苦手で怖がっており、上半身を曲げ腰が引けてしまい、効果的な取組にならないことが多くありました（写真４）。また、自力で足を

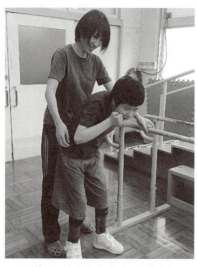

写真４　立位をとるが、上半身を曲げ腰が引けている様子

写真５　スパイダーで安定した立位をとれている生徒Ｃ

踏み出す学習のために歩行器を使用していましたが、自分からは動き出せず、常に教員が片足ずつ前に出す介助をしている状態でした。

スパイダーでは、事例2のようにリラックスを促す取組だけでなく、低緊張や側弯症があり身体をしっかり起こし保持することが難しいケースにもゴムの張力を利用することで安定した立位をとることができます（写真5）。本ケースの場合、前述したように「身体を起こす」「足を一歩出す」などの活動が苦手な要因の一つに緊張の低さや運動姿勢変換に対する怖さがありましたが、スパイダーだと安定した立位をとらせることができ、恐怖心も取り除くことができました。こうした取組の結果、現在では、教員が方向転換は介助しつつも、歩行器を使って、一人で歩くことができるようになっています。

❹ 授業改善の成果と課題

本取組により、適度な運動量を確保しながら、体幹の保持、筋力や柔軟性などを向上させ、普段の生活では比較的困難な姿勢や動作を引き出すことへの効果は非常に大きいと考えます。また、児童生徒が身体を動かすことを楽しみ、嬉々として何度も繰り返し活動する場面から、「される」「してもらう」から「する」という意識の面の変化が、喜びの感情を伴った自主的・主体的な活動へとつながっていることも実感しています。さらに、移動式の開発により、自らの意思と身体で目的を達成することの素晴らしさをより一層実感できることは、自立と社会参加を目指すために重要な、困難を改善克服していく意欲や態度の形成の基礎を築くものと考えます。今後、スパイダーを用いた活動時間の確保及び個々の児童生徒に応じた活動内容の精選、活動を継続するための一層の工夫、器具のメンテナンスを含めた安全面の確保が課題と捉えています。

❺ まとめ

スパイダーというツールを用い、児童生徒の日常では困難な姿勢や動きを引き出し、自主性や主体性の育成を支援する実践は、自立活動の考え方の基礎となるICFの理念そのものであると考えます。この取組の土台となっている考え方や理念が、この活動だけにとどまらず、本校におけるあらゆる教育活動の根底となり、児童生徒の主体的・対話的・深い学びにつながっていくことを期待し、今後も子どもたちが十分に達成感を味わい、主体的な学びを実現できる環境づくりに取り組んでいきたいと考えています。

Comment

子どもたちの身体の動きの難しさは、重力の中で形成されてきました。そこで、重力からある程度解放されることで、本来の動きが出てきて、運動系だけではなく知覚系も含めて統合されていきます。子どもにとっては自分が動かしているという実感が得られ、主体的に学ぶことになります。今回は移動式を開発し、歩行につながるなど注目すべき実践と言えます。（川間健之介）

監修・編集委員一覧

監　修

分藤　賢之　　文部科学省初等中等教育局特別支援教育課特別支援教育調査官
　　　　　　　（命）インクルーシブ教育システム連絡調整担当

川間健之介　　筑波大学人間系教授

北川　貴章　　独立行政法人国立特別支援教育総合研究所情報・支援部主任研究員

編集委員会

委員　田村康二朗　　全国特別支援学校肢体不自由教育校長会会長
　　　　　　　　　　東京都立光明学園統括校長

委員　北山　博通　　全国特別支援学校肢体不自由教育校長会事務局長
　　　　　　　　　　東京都立城北特別支援学校統括校長

委員　太田　正明　　全国特別支援学校肢体不自由教育校長会（編集総括）
　　　　　　　　　　東京都立大泉特別支援学校校長

委員　和田喜久男　　全国特別支援学校肢体不自由教育校長会
　　　　　　　　　　東京都立城南特別支援学校校長

委員　山本　和弘　　全国特別支援学校肢体不自由教育校長会
　　　　　　　　　　東京都立あきる野学園校長

委員　村山　孝　　　全国特別支援学校肢体不自由教育校長会
　　　　　　　　　　東京都立府中けやきの森学園統括校長

委員　木村　利男　　全国特別支援学校肢体不自由教育校長会
　　　　　　　　　　東京都立墨東特別支援学校校長

執筆者一覧

巻頭のことば

田村康二朗　　全国特別支援学校肢体不自由教育校長会会長

第1部　理論及び解説編

1　分藤　賢之　　文部科学省初等中等教育局特別支援教育課特別支援教育調査官
　　　　　　　　　（命）インクルーシブ教育システム連絡調整担当

2　川間健之介　　筑波大学人間系教授

3　北川　貴章　　独立行政法人国立特別支援教育総合研究所情報・支援部主任研究員

第2部　実践編

1　山本　政一　　長崎県立諫早東特別支援学校教諭
　　　　　　　　　（現　長崎県立島原特別支援学校南串山分教室主幹教諭）

2　伊澤　理絵　　青森県立八戸第一養護学校教諭

3　辻山しのぶ　　北海道函館養護学校教諭（現　北海道函館盲学校教頭）

4　鷲尾　翔子　　山口県立周南総合支援学校教諭

5　伊藤真理子　　宮城県立船岡支援学校教諭

6　田丸　秋穂　　筑波大学附属桐が丘特別支援学校教諭

7　壹岐　俊介　　宮崎県立延岡しろやま支援学校教諭

8　大槻　美紀　　茨城県立水戸特別支援学校教諭

9　伊坂　浩美　　静岡県立東部特別支援学校教諭

10　稲岡加奈子　　岡山県立早島支援学校教諭（現　岡山県立倉敷まきび支援学校教諭）

　　脇坂　吏紗　　岡山県立早島支援学校教諭（現　笠岡市立神島外中学校教諭）

11　辻　紗矢香　　京都府立向日が丘支援学校教諭

12　伊藤　仁美　　東京都立鹿本学園教諭

13　宮尾　尚樹　　長崎県立諫早特別支援学校主幹教諭

14　神園　隆　　　東京都立鹿本学園教諭

15　正木　芳子　　和歌山県立和歌山さくら支援学校教諭

16　伩木　浩一　　福岡県立築城特別支援学校指導教諭

17　藤原　啓子　　奈良県立奈良養護学校教諭

18　水之浦賢志　　鹿児島県立皆与志養護学校教諭

19　尾崎　歩　　　熊本県立芦北支援学校教諭

20　相坂　潤　　　青森県立青森第一養護学校教諭（現　青森県総合教育センター指導主事）

　　小田桐直美　　青森県立青森第一養護学校教諭

21　大塚　友美　　札幌市立北翔養護学校教諭

22　中野　正尚　　三重県立度会特別支援学校自立活動教諭

23　杉林　寛仁　　筑波大学附属桐が丘特別支援学校教諭

24　長尾あゆみ　　高知県立高知若草養護学校教諭

（掲載順）

全国特別支援学校肢体不自由教育校長会 総力編集！

肢体不自由教育実践　授業力向上シリーズ
既刊本のご紹介

肢体不自由教育実践
授業力向上シリーズNo.1
学習指導の充実を目指して

『肢体不自由教育実践　授業力向上シリーズ』第1巻。肢体不自由特別支援学校の教育課程、個別の指導計画や指導の工夫などについて解説。全国の肢体不自由特別支援学校で取り組んでいる授業改善の実践22事例を紹介。

監修：分藤 賢之・川間 健之介・長沼 俊夫
編著：全国特別支援学校肢体不自由教育校長会
■B5判　132頁　　■2013年11月発行
■定価：本体1,700円＋税　■ISBN978-4-86371-243-0

肢体不自由教育実践
授業力向上シリーズNo.2
解説 目標設定と学習評価

特別支援学校における学習評価の考え方、妥当な指導目標と内容を考え、目標設定と学習評価の工夫になどを解説。学習評価の観点から授業改善を考えます。全国から選出された授業改善の取組25事例を4つのカテゴリーに分類して紹介。

監修：分藤 賢之・川間 健之介・長沼 俊夫
編著：全国特別支援学校肢体不自由教育校長会
■B5判　154頁　　■2014年11月発行
■定価：本体1,800円＋税　■ISBN978-4-86371-287-4

肢体不自由教育実践
授業力向上シリーズNo.3
解説 授業とカリキュラム・マネジメント

「カリキュラム・マネジメント」をキーワードに、各授業や個別の指導計画のPDCAサイクルを通した学習評価、それに基づく教育課程の検討などについて解説。全国から選出された授業改善の取組25事例を8つのカテゴリーに分けて紹介。

監修：分藤 賢之・川間 健之介・長沼 俊夫
編著：全国特別支援学校肢体不自由教育校長会
■B5判　144頁　　■2015年11月発行
■定価：本体1,800円＋税　■ISBN978-4-86371-329-1

肢体不自由教育実践
授業力向上シリーズNo.4
「アクティブ・ラーニング」の視点を生かした授業づくりを目指して

「アクティブ・ラーニング」の視点とはどのようなものか、特別支援学校の授業でどう取り入れたらよいかを解説。授業改善の取組25事例を通して、「主体的な学び」「対話的な学び」「深い学び」の視点を生かした今後の授業づくりを考えます。

監修：分藤 賢之・川間 健之介・長沼 俊夫
編著：全国特別支援学校肢体不自由教育校長会
■B5判　136頁　　■2016年11月発行
■定価：本体1,800円＋税　■ISBN978-4-86371-386-4

ジアース教育新社

〒101-0054　東京都千代田区神田錦町1-23 宗保第2ビル
電　話　03-5282-7183／FAX　03-5282-7892
E-mail：info@kyoikushinsha.co.jp
URL　http://www.kyoikushinsha.co.jp/

肢体不自由教育実践　授業力向上シリーズ No.5

思考力・判断力・表現力を育む授業

平成 29 年 11 月 9 日　第 1 版第 1 刷発行
平成 30 年 4 月 7 日　第 1 版第 3 刷発行

監　修　　分藤 賢之・川間 健之介・北川 貴章
編　著　　全国特別支援学校肢体不自由教育校長会
発行人　　加藤 勝博
発行所　　株式会社ジアース教育新社
　　　　　〒101-0054　東京都千代田区神田錦町 1-23　宗保第 2 ビル
　　　　　TEL　03-5282-7183　　　FAX　03-5282-7892
　　　　　URL　http://www.kyoikushinsha.co.jp/

表紙デザイン　　株式会社彩流工房
印刷・製本　　　アサガミプレスセンター株式会社

Printed in Japan

ISBN978-4-86371-443-4
○定価は表紙に表示してあります。
○乱丁・落丁はお取り替えいたします。（禁無断転載）